PARA ESCRIBIR CORRECTAMENTE

EMILIO SABATÉ

PARA ESCRIBIR CORRECTAMENTE

MÉTODO DE GRAN VALOR
DIDÁCTICO PARA RESOLVER
LAS DIFICULTADES DEL IDIOMA

Edición revisada y puesta al día por
JOSÉ MARÍA NEBREDA

EDITORIAL JUVENTUD, S. A.
PROVENZA, 101 - BARCELONA

Queda rigurosamente prohibida, sin la autorización escrita
de los titulares del Copyright, bajo las sanciones establecidas
en las leyes, la reproducción parcial o total de esta obra
por cualquier medio o procedimiento, comprendidos la
reprografía y el tratamiento informático, y la distribución de
ejemplares mediante alquiler o préstamo públicos.

© Emilio Sabaté, 1950
  Editorial Juventud, Barcelona, 1950
Séptima edición, 1990
Depósito Legal, B. 35.389-1990
ISBN 84-261-0080-5
Núm. de edición de E. J.: 8.423
Impreso en España - Printed in Spain
Litografía Fisán, S. L. - Jaime Piquet, 7 - 08017 Barcelona

NOTA DEL EDITOR

La favorable acogida que el público viene dispensando a este manual desde su aparición nos mueve a ofrecer esta nueva edición, revisada y puesta al día de acuerdo con las últimas publicaciones de la Real Academia de la Lengua.

Todos los que tengan verdadero interés por escribir correctamente en castellano, indudablemente se enfrentarán con dudas y vacilaciones que habrán de resolver ante casos anómalos de acentuación, de puntuación, de construcción sintáctica; galicismos, anglicismos, verbos, uso de las preposiciones, etc., etc., es decir, ante las complejas dificultades idiomáticas que nuestra lengua contiene.

"Para escribir correctamente" es un compendio que consideramos de gran valor didáctico, y, mediante su utilización, todos aquellos que se preocupan por la corrección gramatical pueden resolver las dudas que tan frecuentemente se presentan al redactar cartas o documentos de toda índole.

PREFACIO

No pretende esta obra ser un tratado completo de gramática. El autor se propone solamente analizar y elucidar aquellos puntos que, según la experiencia ha demostrado, necesitan ser examinados más a fondo, a fin de disipar las dudas que preocupan constantemente a los que desean escribir con corrección y pulcritud, que son, sin duda alguna, los más.

Los puntos que se analizan aquí son especialmente aquellos que las gramáticas corrientes tratan demasiado superficial o fragmentariamente, o que la gramática de la Academia trata ya con poca amplitud, ya en términos demasiado técnicos.

El método de que se sirve el autor es el de la demostración basada en ejemplos, de modo que las definiciones estén al alcance del menos familiarizado con la terminología gramatical.

No dudamos de la buena acogida que el público dispensará a este libro, y nos daremos por satisfechos si se le considera como un grano de arena aportado al edificio de la cultura.

ACENTUACIÓN

En castellano hay dos clases de acentos: el tónico y el diacrítico.

El acento tónico se pone sobre la vocal de la sílaba que se pronuncia con más fuerza; por ejemplo: *sílaba, contará, carácter, poesía, aíslas, laúd.*

El acento diacrítico se pone para distinguir dos vocablos iguales pero de diferente significado; por ejemplo: *el* (artículo), *él* (pronombre), *tu* (adjetivo posesivo), *tú* (pronombre), *de* (preposición), *dé* (del verbo *dar*), *aquella* (adjetivo demostrativo), *aquélla* (pronombre demostrativo), *como* (cuando significa: del modo o manera que), *cómo* (cuando significa: de qué modo o de qué manera).

Acento tónico

Se acentúan las palabras agudas, o sea aquellas cuya última sílaba se pronuncia con más fuerza, cuando terminan en *a, e, i, o, u, as, es, is, os, us, an, en, in, on, un;* por ejemplo: *sofá, dominó, jamás, anís, batintín, según.*

Las palabras agudas que terminan en consonante que no sean *s* o *n* no se acentúan: *arroz, pared, carril, cantar, cenit, Melquisedec, reloj, almud.*

Se acentúan las palabras llanas, o sea aquellas cuya penúltima sílaba se pronuncia con más fuerza, cuando no terminan en *a, e, i, o, u, as, es, is, os, us, an, en, in, on, un*: *alcázar, apóstol, César, fémur, Cristóbal, aljófar, fácil, alférez, Núñez.*

Se acentúan las palabras esdrújulas, o sea aquellas cuya antepenúltima sílaba se pronuncia con más fuerza: *pirámide, crítico, fónico, lámpara, eléctrico, héroe, míralo, tómalo, decídete.*

Si al posponer un pronombre a una forma verbal ésta se convierte en palabra esdrújula, hay que acentuarla como a tal: *abriéronse, devolviéronles, sacáronla.*

Y se acentúan las sobresdrújulas, que son aquellas en que se carga la pronunciación tres y aun cuatro sílabas antes de la última: *sácatelos, quédatelo, contándoselo, oblíguesele, dábasemelo.*

Cuando una forma verbal lleva acento, lo conserva aun cuando se le agregue un pronombre: *castigóme, conmovióla, suplicóle.*

Cuando un vocablo se compone de dos elementos ha de suprimirse el acento que corresponde al primer componente: *decimosexto, decimoséptimo, rioplatense,* porque el primer componente pierde normalmente el acento prosódico, lo cual no ocurre en los adverbios en *mente*, en que ambos componentes conservan su tonicidad propia, como *magnánimamente;* por eso se desprende fácilmente el adjetivo cuando siguen otros adverbios semejantes; ejemplo: *escribe llana y pulcramente.*

A propósito de los vocablos compuestos recuérdese que, cuando están formados de dos adjetivos unidos con guión, cada elemento debe conservar su acento, como: *físico-químico,* y que cuando dos adjetivos gentilicios designen una fusión deben escribirse sin separación: *anglosajón,* mientras que cuando no haya fusión se escribirán con guión: *hispano-marroquí.*

Ahora bien, la cuestión de los acentos cambia de aspecto cuando los vocablos, o una de sus sílabas, son diptongos o triptongos. Entonces el acento se emplea para deshacer el diptongo o el triptongo, si la pronunciación lo exige; por ejemplo: *laúd, baúl, país, transeúnte, rúa, falúa, río, tío, raíz, ataúd, decidíais, decidíamos, sufría, egoísmo, feúcha, tenía.*

En el caso de *laúd*, si no se acentuara la *u* tendría que leerse como *au* de *laudo;* en el de *baúl*, como *au* de *bautismo;* en el de *país*, como *ai* de *paisaje;* en *transeúnte*, como *eu* de *feudo;* etc.

De lo que se deduce que un diptongo se deshace acentuando la vocal débil del mismo, que es siempre la *i* o la *u;* y un triptongo, acentuando una de las vocales débiles, ya que se compone de una fuerte y dos débiles, como *iais* de *decidíais* o de *decíais*. Si no se acentuara la primera *i* del triptongo, el vocablo tendría que pronunciarse cargando en la sílaba *ci*, en el primer caso, y en la sílaba *de*, en el segundo.

La Academia, basándose en que la *h* intermedia no impide el diptongo en palabras como *desahucio*, *ahuyenta* (que nadie pronuncia *desa-hucio, a-huyenta*), escribe, en el Diccionario de la Lengua, *búho, vahído, tahúr* (como *dúo, caído, baúl*). Nótese que, en tal caso, habrá que escribir también *rehúso*, de *rehusar;* *ahíto*, de *ahitar* (igual que se escribe *reúno*, de *reunir*, y *aíslo*, de *aislar*).

Para que quede aún más clara esta cuestión, ponemos a continuación algunos tiempos de verbo en que hay que deshacer diptongos:

Del verbo *aislar:*

Indicativo presente	Subjuntivo presente	Imperativo
Yo aíslo	Yo aísle	Aísla tú
Tú aíslas	Tú aísles	Aísle él
Él aísla	Él aísle	Aislemos nosotros
Nosotros aislamos	Nosotros aislemos	Aislad vosotros
Vosotros aisláis	Vosotros aisléis	Aíslen ellos
Ellos aíslan	Ellos aíslen	

En los casos de *aisláis* y *aisléis* no se trata de deshacer un diptongo, sino de un acento tónico regular, ya que ambas formas se componen de dos sílabas (*ais/láis, ais/léis*) y, como son palabras agudas terminadas en *is,* se acentúa la última sílaba, naturalmente en su vocal fuerte.

Del verbo *acentuar:*

Indicativo presente	Subjuntivo presente	Imperativo
Yo acentúo	Yo acentúe	Acentúa tú
Tú acentúas	Tú acentúes	Acentúe él
Él acentúa	Él acentúe	Acentuemos nosotros
Nosotros acentuamos	Nosotros acentuemos	Acentuad vosotros
Vosotros acentuáis	Vosotros acentuéis	Acentúen ellos
Ellos acentúan	Ellos acentúen	

En los casos de *acentuáis* y *acentuéis* no se trata de deshacer los triptongos *uai, uei,* sino de un acento tónico regular; como es natural, se acentúa la vocal fuerte del triptongo.

Del verbo *desliar:*

Indicativo presente	Subjuntivo presente	Imperativo
Yo deslío	Yo deslíe	Deslía tú
Tú deslías	Tú deslíes	Deslíe él
Él deslía	Él deslíe	Desliemos nosotros
Nosotros desliamos	Nosotros desliemos	Desliad vosotros
Vosotros desliáis	Vosotros desliéis	Deslíen ellos
Ellos deslían	Ellos deslíen	

En *desliáis* y *desliéis* (vocablos de dos sílabas: *des/liáis, des/liéis*) se acentúa la vocal fuerte del triptongo por tratarse de voces agudas que terminan en *is.*

He aquí una lista de los principales verbos en que se debe disolver el diptongo (y, por tanto, debe acentuarse ortográficamente la vocal débil) en las personas de singular y tercera de plural del presente de indicativo, subjuntivo e imperativo:

Verbos en *iar:*

aliar	arriar	aviar	ciar
amnistiar	ataviar	cablegrafiar	confiar
ampliar	autografiar	calofriarse	contrariar
ansiar	averiarse	cariarse	criar
cuantiar	enriar	guiar	resfriar
chirriar	enviar	hastiar	rociar
desafiar	espiar	liar	telegrafiar
descarriar	esquiar	litografiar	triar
desconfiar	estriar	mecanografiar	variar
desliar	expiar	piar	vigiar
desvariar	extraviar	porfiar	zahoriar
desviar	fiar	radiografiar	zurriar
enfriar	fotografiar	recriar	
enlejiar	gloriar	reenviar	

Verbos en *uar:*

acentuar	desvirtuar	graduar	puntuar
actuar	devaluar	habituar	redituar
arruar	efectuar	individuar	situar
atenuar	evaluar	infatuar	tatuar
avaluar	exceptuar	insinuar	tumultuar
conceptuar	extenuar	perpetuar	usufructuar
continuar	fluctuar	preceptuar	valuar

Cuando la *u* va precedida de *c* o *g* forma diptongo con la vocal siguiente: *eva-cuo, averi-guo.* En los demás casos hay hiato: *actú-o, evalú-o, atenú-o,* etc.

Verbos en *eír:*

Los principales son: *desleír, engreír, freír, reír, sonreír.*
En estos verbos se disuelve el diptongo en el presente de indicativo y de subjuntivo, en el imperativo, en el pretérito imperfecto de indicativo, en el pretérito indefinido y en el participio:

Indicativo presente	Subjuntivo presente	Imperativo
Yo río	Yo ría	Ríe tú
Tú ríes	Tú rías	Ría él
Él ríe	Él ría	Riamos nosotros
Nosotros reímos	Nosotros riamos	Reíd vosotros
Vosotros reís	Vosotros riáis	Rían ellos
Ellos ríen	Ellos rían	

Pretérito imperfecto de indicativo	Pretérito indefinido	Participio
Yo reía	Yo reí	Reído
Tú reías	Tú reíste	
Él reía	Él rió	
Nosotros reíamos	Nosotros reímos	
Vosotros reíais	Vosotros reísteis	
Ellos reían	Ellos rieron	

En el caso de *reís,* se trata de deshacer el diptongo *ei,* a fin de que no se pronuncie como *veis;* en el de *riáis,* se deshace el triptongo *iai* y el vocablo queda dividido en dos sílabas, *ri/áis,* de las cuales se acentúa la segunda en su vocal fuerte; y en *rió* se disuelve el diptongo *io* y quedan dos sílabas, *ri/ó.*

A propósito de *rió* digamos que en los vocablos *río* y *frío* se disuelve el diptongo *io* y quedan dos sílabas, *rí/o, frí/o,* en que se acentúa la *i,* que en estos casos es la vocal fuerte.

Ya que estamos en esto, añadamos que en *día, tenía,* se acentúa la *i* para disolver el diptongo *ia,* pues de lo contrario, *día* sonaría como la primera sílaba de *diatriba,* y permítasenos decir que *una tenia es muy desagradable para quien la tiene.*

Verbos en *oír:*

He aquí los tiempos del verbo *oír* en que se deshacen diptongos:

Indicativo presente	Imperfecto de indicativo
Yo oigo	Yo oía
Tú oyes	Tú oías
Él oye	Él oía
Nosotros oímos	Nosotros oíamos
Vosotros oís	Vosotros oíais
Ellos oyen	Ellos oían

Pretérito indefinido	Participio
Yo oí	Oído
Tú oíste	
Él oyó	Imperativo
Nosotros oímos	Oye tú
Vosotros oísteis	Oiga él
Ellos oyeron	Oigamos nosotros
	Oíd vosotros
	Oigan ellos

Verbos en *uir:*

En cuanto a estos verbos, véase lo que decimos a continuación.

Combinación «ui»

La combinación *ui* se considera, para la práctica de la escritura, como diptongo en todos los casos. Sólo se emplea la tilde cuando lo exigen las reglas generales. Así, escribimos sin acento: *huid, huir, buitre, casuista, circuito, cuido, fluido, fortuito, fuimos, fuisteis, huido, huimos, huisteis, jesuita, altruista, beduino, genuino, construimos, destruimos, juicio, ruido, ruina;* pero con tilde: *benjuí, cambuí, huí, huís, huías, casuística, huíamos.*

Nótese que el pretérito indefinido de los verbos *ser* e *ir* hay que escribirlo como sigue:

Yo fui   Nosotros fuimos
Tú fuiste   Vosotros fuisteis
Él fue   Ellos fueron

y el pretérito indefinido de los verbos *ver* y *dar* como sigue:

vi   vimos   di   dimos
viste visteis   diste disteis
vio   vieron   dio   dieron

Vemos, pues, que no se acentúan *fue, fui, dio, vio*, como se hacía injustificadamente; se trata de cuatro monosílabos con diptongo, en que se carga el acento sobre la segunda vocal, por ser la primera débil.

Para la conjugación total de los verbos *ser, ir, dar* y *ver*, véanse las páginas 120 y siguientes.

Creemos que lo dicho hasta aquí sobre los diptongos y los triptongos basta para poner en guardia al lector sobre esta cuestión. Cuando se encuentre con dos vocales juntas, una de las cuales sea *i* o *u*, tiene que estar alerta y disolver el diptongo mediante un acento, si la manera de pronunciar el vocablo lo requiere y teniendo en cuenta que la *i* y la *u* son débiles. Por consiguiente, si tiene que escribir *púa*, acentuará la *u* para convertirla en vocal fuerte, a fin de que la palabra no suene como la primera sílaba de *guapo*, y si tiene que escribir *aúlla*, pensará que, si no acentúa la *u*, la primera sílaba sonará como *au* de *aula*. Sobre *ui* véase la página anterior.

Respecto a la combinación *iu*, una serie de onomásticos y patronímicos de origen catalán, algunos muy extendidos en Castilla, que terminan en *iu* o *ius* (con acento prosódico en la vocal *i*): *Ardarius, Codorniu, Feliu, Montoliu, Riu, Rius, Viu*, deben escribirse sin tilde.

El adverbio *aun* se acentuará sólo cuando pueda substituirse por *todavía: Aún no ha contestado. No ha contestado aún.* Por consiguiente, no llevará acento cuando pueda substituirse por *hasta, también, inclusive* (o *siquiera,* en una oración negativa): *En tales casos yerran aun aquellos que están muy seguros de sí. Aun de su padre se queja. No ha querido recibirlo, ni aun pidiéndoselo su madre.*

Y para terminar con el acento tónico diremos que el acentuar *fué* inducía a muchos a acentuar *pie,* que es un diptongo creciente y, por lo tanto, la *e* ya es fuerte por sí misma. El pretérito indefinido del verbo *piar* debe escribirse *pié,* porque se disuelve el diptongo *ie* (pronúnciese *pi-é*), mientras que el subjuntivo del mismo verbo debe escribirse *píe* (pronúnciese *pí-e,* cargando el acento en la *i*).

El que se acentúe *dábamos* y *estábamos,* por ejemplo, induce a acentuar *dabais* y *estabais.* Las primeras son palabras esdrújulas, mientras que las segundas son palabras llanas acabadas en *is* (*da/bais,* dos sílabas; *es/ta/bais,* tres sílabas), y, por consiguiente, no deben llevar acento.

Nótese, por último, que no deben acentuarse las palabras siguientes, que se ven con frecuencia acentuadas: *sien, sino, ruin, ruina, ruido, genuino, gratuito, fortuito, estatuita, pascuilla, superfluo.*

Acento diacrítico

Como decimos al principio, el acento diacrítico sirve para distinguir dos vocablos iguales, pero de diferente significado.

Creemos lo más acertado poner tales vocablos por orden alfabético.

ADONDE. — Se acentúa cuando significa *a qué parte: ¿Adónde vas? No sé adónde me guía.*

No se acentúa cuando significa *a la parte que: Voy adonde me indicaste.*

Aquel, aquella (1). — No se acentúan cuando son adjetivos demostrativos: *Aquel muchacho es estudioso. Me lo dijo aquella chica. Aquellos libros son los míos. Aquellas peras eran deliciosas.*

No se acentúa el vocablo *aquel* cuando es substantivo, sinónimo de *gracia, donaire, atractivo: Josefina tiene mucho aquel.*

Se acentúan cuando son pronombres demostrativos: *Me lo dijo aquél* (un individuo que no es necesario nombrar). *Prefiero dormir en ésta que en aquélla* (unas camas de las cuales ya se ha hablado). *Fueron aquéllos unos días de comprensible angustia* (fueron aquellos días unos días...).

Téngase en cuenta que no debe acentuarse el pronombre demostrativo neutro, error que se comete con frecuencia: *Ya apareció aquello.*

Cuando *aquel, aquella* y sus plurales *aquellos, aquellas* van acompañados de un pronombre no deben acentuarse: *Ella prefiere* AQUEL QUE *la halaga más. Luis escogió* AQUELLA EN QUE *pusiste la alhaja. El profesor premia a* AQUELLOS A QUIEN (*o* AQUELLOS A QUIENES) *no tiene nada que reprochar.*

Como. — Se acentúa cuando significa *de qué modo o de qué manera, por qué motivo, en virtud de qué: ¿Cómo has llegado hasta aquí? ¿Cómo le has ordenado tal cosa? Yo no sé cómo aguanta que estés todo el día detrás de él. Ignoraba cómo era su tío. ¡Si supiera usted cómo se puso! Puede ser de interés considerar cómo el peso influye en la velocidad de un barco.*

Se acentúa asimismo cuando se pronuncia con énfasis: *¡Cómo! ¿Es posible tal cosa?*, y también cuando significa *¿qué precio?: ¿A cómo lo pagaste?*, así como cuando se usa substantivado, en el cual caso se le antepone el artículo *el: Hay que averiguar el cómo y el porqué.*

Resulta, pues, que *como* se acentúa cuando se usa

---

(1) Aparte lo que se dirá en este apartado, queremos advertir al lector que la Academia considera lícito prescindir del acento en los pronombres *éste, ése, aquél*, con sus femeninos y plurales, cuando no exista riesgo de anfibología.

en interrogaciones o en sentido interrogativo, dubitativo, investigativo y ponderativo. Así, en los ejemplos: *Así fue como Juan se encontró solo. De manera semejante a como se estampan las medallas*, no debe acentuarse porque equivale a *el modo que* o *la manera que*, es decir, se usa en sentido expositivo. A nuestro entender, tampoco debe acentuarse en el título *Como suprimir obstáculos*, por tener sentido expositivo, ya que viene a significar *Manera de suprimir obstáculos*. Sin embargo, algunos opinan que en los títulos, por ejemplo *Como desarrollar la memoria*, hay que acentuar *como*, puesto que se pronuncia con énfasis la sílaba *co*.

CUAL. — Se acentúa cuando, como adjetivo o pronombre, se usa en interrogaciones o en sentido interrogativo y dubitativo: *¿Cuál te gusta más? ¿Cuáles de ellos son los más robustos? Se trata de saber cuáles especies son las más resistentes. Pregunta cuáles son los formularios que hay que llenar. Ignoro cuál de las dos es la más hacendosa. Depende de cuál sea su temperamento*. También se acentúa cuando se usa como disyuntivo: *Las novelas de aquel escritor, cuál más, cuál menos, son de mala calidad*. Asimismo lleva acento cuando equivale a *cómo: ¡Cuál gritan esos malditos!*

En los demás casos no se acentúa: *Cada cual hace lo que puede. Esperó un rato a su primo, el cual había ido de compras. Le gustan mucho aquellas novelas, de las cuales existe una traducción francesa. El director ordenó modificar el plan de estudios, lo cual no se cumplirá si el Consejo no lo aprueba.*

CUAN. — Se acentúa cuando se usa en sentido ponderativo: *¡Cuán desdichada fue su hermana! Nunca se sospechó cuán rápidamente se propagaría la noticia*. Como correlativo de *tan* no se acentúa: *Tan severo será el hijo cuan severo fue el padre.*

CUANDO. — Se acentúa cuando se usa en interrogaciones o en sentido interrogativo, dubitativo e investigativo: *¿Cuándo llegará su hermano? No sé cuándo empezarán* *las lecciones. Pregúntale cuándo piensa llegar. Averigüe cuándo suele tomarlo. ¿Hasta cuándo abusará tanto de mí?* Es decir, cuando significa *en qué tiempo* o *qué tiempo, en qué caso, en qué ocasión*.

También se acentúa cuando se usa como conjunción distributiva: *Siempre se le ve por casa, cuándo arriba, cuándo abajo,* o cuando se substantiva: *No he podido saber el cómo ni el cuándo.*

En los demás casos no se acentúa: *Nos veremos cuando vengas a mi casa. Cuando la ceremonia estuviste de buen humor.*

Cuanto, cuanta y sus plurales cuantos, cuantas se acentúan cuando se usan en interrogaciones o en sentido interrogativo, dubitativo, investigativo y ponderativo: *¿Cuánta leche se ha bebido? Pregúntale cuántos pasteles se comió el niño. No sé cuánto tiempo tardará. Averigüe cuánto dinero cobró. ¡Cuánta paciencia hay que tener! ¡Cuánto me alegro de su llegada! ¡Si supiera usted cuánto me gustaría confiar en ello! Las niñas me escribieron para contarme cuánto se habían divertido aquel día.*

No se acentúan en los demás casos: *Come cuanto quieras (todo lo que quieras). Le compro a usted cuantos pares de zapatos tenga (todos los pares que tenga). En cuanto vuelva la señora dile que la espero. No ha de ser oro cuanto reluce* («Celestina», 12). *Él reconoció su falta, tanto más cuanto que ya sabía que le habían perdonado.*

Cuyo, cuya y sus plurales se acentúan si se usan en interrogaciones o en sentido interrogativo, dubitativo e investigativo, lo cual ha caído en desuso: *¿Cúyo ha de ser el fruto del huerto? No sé cúya culpa ha sido* (en estos ejemplos *cúyo* y *cúya* significan *de quién*).

Véase más adelante (pág. 52) el uso indebido que se hace de estos vocablos.

Cuyo no se acentúa cuando es sinónimo de *galán* o *amante: Juana tiene ya su cuyo.*

— 20 —

De. — No se acentúa cuando, como substantivo femenino, designa la letra *d*.

Tampoco se acentúa cuando es preposición: *Cuchara de madera. Vengo de su casa. Comió de pie.*

Se acentúa cuando es forma del verbo *dar:*

Subjuntivo presente	Imperativo
Yo dé	Da tú
Tú des	Dé él
Él dé	Demos nosotros
Nosotros demos	Dad vosotros
Vosotros deis	Den ellos .
Ellos den	

Ejemplos: *Espera que el cura le dé la bendición. Dé usted por concluido el asunto.*

Debido a que la forma verbal *dé* se acentúa sólo para distinguirla de la preposición *de,* algunos opinan que debe suprimirse el acento cuando se le agrega un pronombre y debería, por lo tanto, escribirse: *Dele usted su merecido. Deme lo que me corresponde,* por ser evidente su función verbal al añadirle el pronombre.

Nosotros, en virtud de la siguiente regla de la gramática de la Academia: «Los tiempos de verbo que llevan acento ortográfico lo conservan aun cuando acrecienten su terminación tomando un enclítico», creemos preferible que no se suprima el acento de *dé* y se escriba: *Déle usted su merecido. Déme lo que me corresponde.*

Donde. — Se acentúa siempre que se usa en interrogaciones o en sentido interrogativo, dubitativo, investigativo y ponderativo: *¿Dónde has puesto su sombrero? Pregúntale dónde está su padre. ¿Por dónde pasó? ¿Dónde iremos? A veces me pregunto de dónde saca tanto dinero. ¡Hasta dónde hemos llegado!*

No se acentúa en los demás casos: *Tu hermano siempre está donde hace falta. Iremos donde nos llaman. Aquí es donde está mejor. La casa donde nací ya no existe. Allá es hacia donde se dirige. Esto me escri-*

bió, de donde infiero que ya estaba antes de acuerdo conmigo.

EL. — No se acentúa cuando es artículo: *El hombre es un ser racional. Éste es el de ayer (el niño de ayer). Hasta el del sombrero hongo se reía (el señor del sombrero hongo).*

Se acentúa cuando es pronombre: *Él se desayunaba a las seis, y ella, a las ocho. Habló él después de un acceso de tos. Al ver el obstáculo se dirigió hacia él. Vio un lago y al llegar a él descansó en la orilla. A pesar de ello, todos se dirigieron al cercado y desaparecieron detrás de él.*

ESTE, ESTA y sus plurales ESTOS, ESTAS no se acentúan cuando son adjetivos demostrativos (1): *Este árbol es muy umbroso. Estas muchachas han bailado muy bien. Estos chicos se han peleado. La fastidia el chico este* (nótese que aquí el adjetivo sigue al nombre, en vez de precederlo).

Se acentúan cuando son pronombres demostrativos: *Dáselo a éste* (alguien que no es necesario nombrar). *El campo estaba cubierto de escarcha, pero ésta se fundió al salir el sol. Divididos estaban caballeros y escuderos; éstos contándose sus vidas, y aquéllos, sus amores. No he traído más equipaje que éste. Ha sido éste su mayor error* (ha sido este error su mayor error).

Nótese que no debe acentuarse *esto*, que es sólo pronombre: *Esto vale más que aquello.*

Cuando *este, esta* y sus plurales *estos, estas* van acompañados de un pronombre no se acentúan: *Estos que ves aquí son los que prefiere Enrique. La rosa más bonita es esta que tengo.*

Este no se acentúa cuando es substantivo, sinónimo de Oriente: *Viento del Este.*

ESE, ESA y sus plurales ESOS, ESAS se acentúan y no se acentúan en los mismos casos que *este, esta, estos, estas* (1).

No debe acentuarse el pronombre *eso: Dame eso.*

---
(1) Véase nota de página 18.

Ese no se acentúa cuando es el substantivo que designa la letra *s* y tampoco cuando designa el eslabón de cadena en forma de *s*.

Mas. — No se acentúa cuando es substantivo, sinónimo de *masada,* y cuando designa un peso de metales que se usa en Filipinas.

Tampoco se acentúa cuando es conjunción, sinónimo de *pero: La esperamos toda la mañana, mas en vano.*

Se acentúa en todos los demás casos: *Más vale tarde que nunca. Alberto tiene más dinero que inteligencia. El más y el menos. Tienes que ser más prudente.*

Mi. — No se acentúa cuando, como substantivo, designa la tercera voz de la escala musical.

No se acentúa cuando es adjetivo posesivo: *Mi libro y mis cuadernos están sobre el pupitre.*

Se acentúa cuando es pronombre personal: *Lo hizo por mí. Dámelo a mí. Sin mí no harán nada.*

O. — Se acentúa cuando se halla entre números, o sigue a números, para que no se confunda con un cero. Ejemplo: *Se mezcla con 30 ó 40 libras de amoniaco. De 5 ó más años.*

Porque. — No se acentúa cuando es conjunción causal: *No lo hizo porque se lo impidieron.*

No se acentúa cuando se usa como conjunción final, equivalente a *para que: Lo hago porque lo vea.*

Se acentúa cuando es substantivo, sinónimo de *causa, motivo, porción, cantidad: Ignoro el porqué de su actitud. Todos reclamaron su porqué.*

(Sobre el uso de *por qué,* véase el apartado siguiente.)

Que. — Se acentúa cuando se usa en interrogaciones o en sentido interrogativo, dubitativo, investigativo y ponderativo: *¿Qué desea usted? ¿Por qué llegó tarde? Dime qué barullo es ése. No sé por qué tienes tantos proble-*

— 23 —

mas por resolver. No comprendo por qué se oponía a ello. Trate de saber por qué se portó mal. ¡Qué de sandeces dijo! Pregúntale qué día vendrá. ¡Qué niño más lindo! Ya verás qué bien canta. ¡Qué sabe el pobre! ¡Miren qué rápido es! Vas a ver qué sencillo es.

Se usa como exclamación: *¡Qué! ¡Pues qué!*

Se acentúa cuando equivale a *el que, lo que, la que: Dile qué camino ha de tomar* (el camino que ha de tomar). *No sabía qué hacer* (lo que hacer). *Mira de qué suerte le dejas* (de la suerte que le dejas). *Mira qué pronto ha venido* (lo pronto que ha venido). *Sé muy bien de qué me hablas* (de lo que me hablas).

Asimismo se acentúa cuando se substantiva o es pronombre indefinido: *Averigua el qué y el cómo. Sin qué ni para qué. Dale qué comer* (algo para comer). *No tiene con qué entretenerlo* (nada para entretenerlo). *Como no hay ya de qué tratar, propongo que se levante la sesión* (como no hay ya nada de que tratar).

Los oficios del vocablo *que* son muy numerosos y, aparte los casos señalados, no toma nunca acento.

He aquí unos ejemplos en que no se acentúa, a pesar de hallarse entre signos de admiración: *¡Que no diga más sandeces!* (compárese con *¡Qué de sandeces dijo!*) *¡Que baile!* (compárese con *¡Qué baile!*) *¡Que me pilla!* En las dos oraciones entre paréntesis usamos *que* en sentido ponderativo, mientras que en las tres restantes no tiene función definida, si no se le atribuye la de conjunción que enlaza lo que se expresa con algo que se omite, a saber: *¡Vale más que no diga más sandeces! ¡Queremos que baile! ¡Socorro, que me pilla!* Por otra parte, no hay equívoco posible, ya que el *que* acentuado de las dos oraciones antedichas puede substituirse, el primero por *¡Cuántas sandeces!*, y el segundo por *¡Vaya baile!*, mientras el de las otras tres es vocablo átono que incluso puede suprimirse.

Quien y su plural quienes se acentúan cuando se usan en interrogaciones o en sentido interrogativo, dubitativo, investigativo y ponderativo: *¿Quién es usted? Pregún-*

tale quiénes fueron los que le acompañaron. No saben a quién agradecer tantas bondades. Miró hacia atrás para ver quiénes eran sus amigos. ¡Quién me lo dice!

También se acentúan en cláusulas distributivas: *Quién escogía las encarnadas, quién las amarillas.*

En los demás casos no se acentúan: *Quienes esto te aconsejan, te quieren mal. Vino acompañado de sus padres, quienes se interesaron mucho por Paquita. «Soy el mismo Montesinos, de quien la cueva toma nombre.» Conozco a quien regalaste las flores* (conozco a la persona a quien). *Ya sé de quienes me hablabas ayer* (sé de las personas de quienes). *Cuando adivinó quienes éramos nosotros, nos miró con menos aversión* (cuando adivinó que nosotros éramos tales).

SE. — Se acentúa cuando es persona del verbo *saber: Ya sé que no lo dijiste tú. No sé si ha venido.*

También se acentúa cuando es persona del verbo *ser: Sé prudente, hijo mío.*

No se acentúa cuando es pronombre: *Se dice que se suicidó. Se lo diré mañana. Juan se lo comió todo. Se vistió en un santiamén.*

SI. — No se acentúa cuando es substantivo y designa la séptima voz de la escala musical.

No se acentúa cuando es conjunción: *Si lo desea, dáselo. No sé si se lo di a Juan. Si te quedas me alegraré. Dime si sale alguien.*

No se acentúa cuando a principio de cláusula es dubitativo o da énfasis: *¡Si me lo aceptara! ¿Si estaré yo equivocado? ¡Si no puede ser!*

Se acentúa cuando es adverbio de afirmación: *¿Lo quieres? Sí. Por sí o por no. Aquello sí que le puso en ridículo.*

Se acentúa cuando como adverbio se substantiva: *«El sí de las niñas.» Le dio el sí.*

Se acentúa cuando es pronombre reflexivo: *Por sí y ante sí. Para sí. Amar al prójimo es amarse a sí mismo.*

Juan volvió en sí (a propósito del verbo *volver en sí*, nótese que no se debe decir: *Juan, es menester que vuelvas en sí*, sino *que vuelvas en ti*).

Solo. — No se acentúa cuando es substantivo: *El saxofón ejecutó un solo muy bonito. Juan bailó un solo estupendo. Juegas al solo cada noche.*

No se acentúa cuando es adjetivo: *Un solo obstáculo bastó para que desistiera. Una sola cosa le interesa. Se sentía tan solo, que se marchó. La muchacha estaba sola.*

Se acentúa cuando es adverbio y equivale a *solamente*: *Sólo tú y él podéis hacerlo. Tan sólo Juan puede haberlo hecho* (1).

Te. — No se acentúa cuando es el nombre de la letra *t*.

No se acentúa cuando es acusativo o dativo del pronombre de segunda persona en singular: *Cada día te veo por la calle. Te lo doy como recompensa.*

Se acentúa cuando designa un arbusto con cuyas hojas se hace una infusión, y cuando designa la infusión misma: *En ciertos países se acostumbra a tomar el té cada tarde. El té es un arbusto muy común en Extremo Oriente.*

Tu. — Se acentúa cuando es nominativo y vocativo del pronombre de segunda persona en singular: *Tú te lo guisas y tú te lo comes. A tú por tú. De tú por tú. ¡Tú, no te alejes tanto!*

No se acentúa cuando es adjetivo posesivo: *Tu corbata no gustó a Juanito. Tus pies son enormes.*

No deben llevar acento

Con mucha frecuencia se ven acentuados los vocablos siguientes:

Aquello. — Pronombre neutro (véase *aquel, aquella* y sus plurales).

---

(1) La Academia dice, respecto a la palabra *solo*, en función adverbial, que podrá llevar acento ortográfico si con ello se ha de evitar una anfibología.

Esto, eso. — Pronombres neutros (véase *este, ese* y sus femeninos y plurales).
Da. — Del verbo *dar*.
Di. — Del verbo *dar*.
Di. — Del verbo *decir*.
Fe. — Este vocablo es sólo substantivo y, por lo tanto, no es preciso que se le distinga con acento.
Va. — Del verbo *ir*.
Ve. — Del verbo *ir*.
Ve. — Del verbo *ver*.
Vi. — Del verbo *ver*.
Ti. — Si bien se acentúan los pronombres *tú* y *mí* para distinguirlos de los adjetivos *tu* y *mi*, no debe acentuarse *ti*, que no es más que pronombre.

La Academia ha determinado que se escriban sin acento los nombres propios *Feijoo, Campoo*, que se solían escribir con acento en la penúltima *o;* en realidad se trata de voces llanas trisílabas.

No deben tampoco llevar acento los vocablos terminados en *y*, como *carey, virrey, convoy*, porque se trata de voces agudas cuya última letra es una consonante.

Palabras que pueden escribirse de dos maneras

Según las últimas normas ortográficas, quedan autorizadas dos formas de acentuación de ciertas voces, y la Academia, cuando lo juzgue oportuno, podrá eliminar una de ellas. Entre tanto podrá escribirse, por ejemplo, *período* o *periodo, omóplato* u *omoplato, alvéolo* o *alveolo, quiromancia* o *quiromancía, cardiaco* o *cardíaco, rail* o *raíl*, etc.

También quedan autorizadas dos formas gráficas para ciertos vocablos, por ejemplo: *psicólogo* o *sicólogo, nemotecnia* o *mnemotecnia, nomo* o *gnomo, remplazo* o *reemplazo, rembolso* o *reembolso*, etc., hasta que la Academia decida sobre cuál ha de prevalecer. En cambio, ya está decidido que *Gibraltar* y *Gijón* se escribirán con *g*.

PUNTUACIÓN

Uso de la coma

El concepto de la «pausa» ha llevado mucha confusión en el uso de la coma. La experiencia nos ha demostrado que algunos hacen pausas de la manera más arbitraria y hasta absurda, y que, por consiguiente, es preferible considerar el uso de la coma desde el punto de vista de «evitar equívocos».

Por ejemplo, hay quienes ponen sistemáticamente coma entre el sujeto y el verbo, sin duda porque hacen «pausa» después del sujeto, y escriben: *Juan, acaba de entrar en el salón. Pedro el Ermitaño, predicó las Cruzadas. Su viaje a París, tuvo un triple objeto. El sereno de esta demarcación, tiene el honor de saludarle.* Éste es el mayor de los dislates, porque se interrumpe la oración en el lugar más inadecuado, o sea cuando se va a expresar la acción que realiza o ha realizado el sujeto. En el primer ejemplo, el sujeto es simple, *Juan*, y en los otros es compuesto, *Pedro el Ermitaño, Su viaje a París* y *El sereno de esta demarcación.* Por consiguiente, por largo que sea el sujeto de la oración, no hay que poner coma entre él y el verbo.

En cambio, es imprescindible la coma que se pone después del vocativo, o sea cuando se invoca a alguien o a algo, cuando se le llama, cuando se recurre a una persona o una cosa, nombrándola: *Juan, entra en seguida. Pilar, no sueltes los gemelos. Francisco, sal de tu cuarto. ¡Cielos, valedme!* La diferencia entre estas oraciones y las del párrafo anterior está, aparte que se invoca a la persona o la cosa, en que el verbo de las primeras expresa una acción que se realiza o se ha realizado, mientras que el de las segundas está en imperativo y la acción puede realizarse o no.

Considerada desde el punto de vista de «evitar equívocos», la coma después del vocativo queda justificada, como se ve en la oración: *Juan, entra en seguida,* la cual tiene sin la coma un sentido bien diferente, como también lo tendría la oración: *Juan, dale los cinco duros,* que sin coma podría interpretarse por: *Juan le da los cinco duros.*

El vocativo también se pone al final de la oración, y no menos debe separarse con una coma; por ejemplo: *No le diga más, Pedro.* Esta oración cambia totalmente de sentido sin la coma, como cambiarían las siguientes: *¡Anda, Antonio! ¡Qué madrugador está, Joaquín!*

Si decimos: *La chica conmovida le acarició el cabello,* puede entenderse que, de varias chicas, la que estaba conmovida acarició el cabello; pero como quiere decirse que lo hizo una chica determinada al sentirse conmovida, pondremos este participio entre comas y tendremos una *subordinada explicativa,* es decir, explicamos que fue al sentirse conmovida cuando la chica acarició el cabello. He aquí un ejemplo de *determinativo,* o sea de participio que *señala, distingue: La chica aludida se acercó en seguida.*

Tenemos, pues, adjetivos y participios (el participio es la forma adjetiva del verbo) que son *explicativos* y otros que son *determinativos.* Los primeros hay que ponerlos entre comas — una sola si están al final de la oración — y los segundos no.

Ejemplos de adjetivo explicativo:
—*¡Quisiera tantas cosas! — exclamó Juana, entusiasmada.*
—*No iré nunca más — dijo el chico, pensativo.*
Su hermana, muy pesarosa, se apartó a un rincón.

Ejemplos de adjetivo determinativo:
El muchacho flaco se echó sobre la paja.
—*Que se acerque — dijo el caballero embozado.*
El caballo bayo se encabritó.

Las *subordinadas explicativas* no las constituyen sólo adjetivos o locuciones adjetivas, sino frases enteras, que han de separarse con comas:

Alicia solía leer la revista «El Mes», en la que su marido publicaba trabajos técnicos.

El hombre, que es la imagen de Dios, debe hacer el bien (el hombre en sentido absoluto; compárese con *El hombre que ha pasado es mi vecino*, en que se determina a un hombre: el que ha pasado).

La doncella de la señora, que está ahí fuera, desea hablar con usted (sin las comas, la subordinada explicativa *que está ahí fuera* se convertiría en subordinada determinativa del substantivo *señora*, que sería la que está fuera).

Carlos no tenía fe, en el sentido cristiano del término (con la subordinada explicamos que Carlos no tenía fe tal como la tienen los cristianos).

Espero que el lunes me traerá usted las pruebas, ya listas (es decir, todas las pruebas, que estarán listas; sin la coma querría decir sólo las que estén listas).

Soy la única amiga de su parienta, a pesar de todo (sin la coma, la frase *a pesar de todo* calificaría al substantivo *parienta*).

Empecé a decir sandeces, de puro azorada (sin la coma podría entenderse que eran sandeces propias de una azorada, mientras que quiere decirse que de tan azorada que estaba dijo sandeces).

El niño se arrodilló junto a la ventana, al lado de su hermana (sin la coma podría entenderse que la ventana estaba al lado de la hermana).

Lo oyó decir a un oficial del ejército, situado detrás de él (sin la coma, es el ejército, y no el oficial, quien está detrás del que oyó).

Constituye un ejemplo de *subordinada determinativa* un verso de Jorge Manrique, que suele ponerse como *subordinada explicativa*:

> *Nuestras vidas son los ríos*
> *que van a dar en la mar*
> *que es el morir.*

Después de *mar* no debe ponerse coma, porque de lo contrario se da a la palabra su sentido propio, mientras que Manrique quiso dárselo figurado (van a dar en el morir, que el poeta se figura como un mar).

Las *subordinadas condicionales*, o sea las introducidas con la conjugación condicional *si*, pueden equipararse a las *subordinadas explicativas*.

Para esta clase de pesca, si la estación lo permite, lo mejor es remontar el río por el centro.
Nunca debe sujetarse el hilo, porque, si la trucha capturada fuese de gran tamaño, podría romperse el sedal.

Las frases que constituyen una determinación circunstancial de lugar, de tiempo o de manera y preceden inmediatamente al verbo no deben separarse de éste con una coma: *Desde Bilbao se fue a Londres. En aquel momento saltó la barrera. En este caso se utiliza la corredera superior. En ciertos ajustes resulta obligado trabajar con toda precisión.*

En las oraciones elípticas hay que poner una coma en el lugar del verbo omitido:

Juan era idealista; Pedro, escéptico.
Tío Tomás era inmensamente rico, y Luis, su único sobrino.
Si te vas, peor.
El año pasado fue el otoño benigno; éste, frío y húmedo.
El obispo y el general llevaban en las venas sangre española. El primero era catalán de origen, y el segundo, hijo de una castellana (este ejemplo demuestra la necesidad de la coma entre *segundo* e *hijo*, pues sin ella podría interpretarse erróneamente la oración).

A veces la coma evita falsas interpretaciones y ambigüedades.

Las plantas que rebrotan bien, se pueden podar.
Juan llamó la atención de un amigo que estaba con él, sobre aquella extraña muchacha.
¿Duermes, mamá? No, pienso.

Es un milagro que no me llame ya, hecha una fiera.
Una lámpara se alzaba sobre la mesa, y la señora, que la contemplaba, notó que no armonizaba con lo demás.
La impresión que el discurso produjo sobre el auditorio, sólo es comparable a la que...
—Me parece bien — dijo únicamente, después de escuchar con atención.
El hotel donde se alojaba siempre, estaba en la plaza (en este caso puede evitarse la coma poniendo El hotel donde siempre se alojaba estaba en la plaza).
El doctor, creía el escocés que debía ser destinado a otro sitio (puede suprimirse la coma poniendo Creía el escocés que el doctor debía ser destinado a otro sitio).
Si hablara, por fuerza tendría que mencionar algo desagradable para ella.
Si me quisiera mal, podría denunciarme.

Con las comas se aíslan vocablos u oraciones independientes:
Tienes que estarte quieto, ¿lo oyes bien?, porque hay enfermos en la casa.
Otro día, ¡todo llega!, el doctor le dio el alta.
Pero, ¿qué quieres?, no siempre se puede perdonar.
Y así ya está, ¿sabes?, ya no hemos de pensar más en ello.

También aíslan vocablos o frases que aclaran o explican:
Sin embargo, el muchacho salió (sin embargo equivale a sin que fuera obstáculo lo dicho).
Por lo tanto, empezó a comer (por lo tanto equivale a por lo que se ha dicho).
Se marchó, pues, sin decir palabra (pues equivale a por tal motivo, el que se ha expresado antes).
Juan es un buen muchacho. ¿Por qué, pues, no le quieres? (¿por qué, si es buen muchacho, no le quieres?)

Por consiguiente, no se lo des (como consecuencia de lo dicho, no se lo des).
Entre tanto, su marido jugaba al tresillo (el marido jugaba mientras ocurría lo que se ha dicho antes).

Se usa la coma para separar oraciones enlazadas con la conjunción *y*, en las cuales el sujeto de la segunda podría tomarse como complemento de la primera:
Eulalia dormía con María, y Anita, el ama, con Luisita.
A Simón le gustaba el trabajo, y otra de las cosas que echaba de menos era una ocupación.
Los niños habían sido confiados a Luisa, y la niñera los había hecho suyos.
Juan no podía vivir sin él, y la idea de que se marcharía le entristecía.
Josefina contemplaba ensimismada los retratos de las estrellas de cine, y, aunque muy revoltosos, los chicos leían entre tanto cuentos infantiles (nótese que la *y* está entre comas, la que termina la primera oración y la que separa la explicativa *aunque muy revoltosos*).
Confió el caballo a Martín, el negro encargado de su cuidado, y, a pesar de las advertencias de su padre, se encaminó a la casa (nótese aquí también la *y* entre comas).

Se pone coma después de cada palabra o frase de una misma índole, cuando están puestas en sucesión, menos entre las dos últimas, si entre ellas hay una conjunción.
La buena voluntad, la constancia, la seriedad y la rectitud eran las características de aquel estudiante.
El poder volver a su hogar en tan inesperada, halagüeña, digna y ventajosa forma le llenaba de gozo.
Procurando recordar el orden en que debía poner las cosas, subióse a una silla, las sacó del armario, las extendió sobre la mesa, las cepilló una a una y se afanó en colocarlas en la maleta.

Y para terminar diremos que no debe ponerse coma cuando no es necesaria, cuando la oración no se presta a equívocos:

En la carta contó Lidia a su mamá lo ocurrido (será precisa una coma si decimos: *En la carta, Lidia contó...*).
Con toda paciencia hízolo así.
Se habían dado cuenta de que su joven mamá no podría ser nunca un mentor para ellos.
En ese caso me disculparé.
Por un momento lo temió.
Tú ya sabes que a ti también te quiero.
Desde el fondo de su alma admiraba Marta sinceramente a la niña (será precisa una coma si decimos: *Desde el fondo de su alma, Marta admiraba...*).
Cual un hombrecito procuró Felipe hacer lo que habría hecho su papá (será precisa una coma si decimos: *Cual un hombrecito, Felipe procuró...*).
A las tres salió Juan de su casa (con coma si decimos: *A las tres, Juan salió...*).
En la isla hacía Luisa una vida regular (con coma si se dice: *En la isla, Luisa hacía una vida regular*).
¡Oh día memorable en la vida de Juan!

Punto y coma

Se usa el punto y coma para separar períodos relacionados entre sí, pero no enlazados por una conjunción o una preposición:

Aunque quisiera me sería imposible remediarlo; es un hecho respecto al cual pensamos y sentimos lo mismo.
Ése volverá, como otras veces; en cambio no sabemos si Pedro lo hará.
Estoy a las órdenes de usted; soy el nuevo ayuda de cámara.
Al contrario, vivo muy cerca; precisamente éste es mi distrito.

El punto y coma es necesario antes de las conjunciones *mas, pero, aunque,* cuando éstas preceden frases explicativas, porque podría entenderse que dichas conjunciones rigen más bien la primera frase que la siguiente:
Luis sintió el mismo impulso; pero, sin saber por qué, no se movió.
—Eso es cosa suya; pero, según tengo entendido, el señor se marchará pronto.
Jorge me entregó la suma; aunque, como supe luego, haciendo un gran sacrificio.

Se usa punto y coma siempre que, poniendo comas solamente, una oración o un período puedan prestarse a confusión:
La primera parte de la obra era interesante; la segunda, insípida; la tercera, francamente aburrida, y el final era lamentable.
El rey y la reina son, desde todos los puntos de vista, un modelo de antítesis. Él, pesado; ella, ligera; él, torpe; ella, ágil; él, tibio; ella, desbordante; él, apático; ella, con nervios como llamas.

Dos puntos

Se ponen antes de la cláusula que constituye una aclaración de la precedente, que la resume o razona, que enumera, cita o enuncia:
La gramática tiene un objeto: enseñar a hablar y escribir correctamente.
Ya se lo dije el otro día: si quiere seguir contando con mi amistad, tiene que enmendarse.
La división más general a que se prestan los adjetivos es la siguiente: primitivos y derivados; simples y compuestos; numerales, verbales; positivos, comparativos y superlativos; aumentativos, diminutivos y despectivos.
Jesucristo dijo: Dejad a los niños que vengan a mí.

...*En resumen: la obra fue mala; los actores, mediocres; las decoraciones, pésimas, y la dirección, floja.*
Amigos míos: Estamos aquí reunidos para celebrar el aniversario de la fundación de la entidad.
Muy señores míos: Les agradeceré que, teniendo en cuenta las circunstancias adversas, etc.

Punto final

Se pone punto cuando lo que se ha expresado tiene sentido completo, de manera que se puede cerrar el período y pasar a otro nuevo.

Se pone punto final y se empieza párrafo cuando se va a tratar otro asunto, o el mismo desde distinto aspecto.

Puntos suspensivos

Se ponen los puntos suspensivos cuando se desea que la cláusula quede incompleta y el sentido suspenso:
—*Pero, querido tío, si se corre tan poco riesgo...*
Sí, le amo platónicamente, pero...
Es que sabía mentir tan bien...

También se ponen cuando se hace una pausa al ir a expresar temor o duda, o algo sorprendente:
No me decidía a aceptar la hospitalidad de un... asesino.
Empiezo a comprender por qué mi padre le quería y... le pegó un tiro.
Ahora... no quisiera morir.
Adiós, Rafael... en caso de no volvernos a ver.

Se ponen asimismo en lugar de lo que se omite de un texto que no interesa copiar íntegro.

Téngase en cuenta que, si se emplean en una oración que requiera otra puntuación, hay que ponerlos antes de la coma, del punto y coma, de los dos puntos y de los signos de interrogación y admiración; por ejemplo:

—*Pues, ¿no decían...?*
—*¡Ojalá lo hubiera hecho...!*
—*Amo a un hombre y él me ama..., aunque este amor, etcétera.*

Signos de interrogación y de admiración

Como dice la gramática de la Academia, los signos de interrogación y de admiración se ponen uno al principio y otro al fin de la oración que deba llevarlos:
—*¿Te has enojado conmigo, Carlos?*
¡Qué lástima que no podamos verle!

Los signos de interrogación y de admiración sirven de punto final, pero no excluyen el uso de los demás signos de puntuación.
¿Desde cuándo le conoces?, preguntóle Pedro.
¡Por favor, señor!, exclamó la muchacha.
Tienes que estarte quieto, ¿lo oyes bien?, muy quieto.
Y otro día, ¡todo llega!, el doctor le dio el alta.

Se comete con frecuencia el error de poner el segundo signo de admiración antes de terminar la oración admirativa:
¡Vaya!, otra señorita Flora (en vez de: *¡Vaya, otra señorita Flora!*).
¡Oh!, si hubiera usted visto cuánto lloró ella... (en vez de: *¡Oh, si hubiera usted visto cuánto lloró ella...!*).
¡Ay!, en París se puede pasar la vida tan deliciosamente (en vez de: *¡Ay, en París se puede pasar la vida tan deliciosamente!*).

El primer signo de interrogación o de admiración debe ponerse donde empieza la pregunta o el sentido admirativo:
Si no vamos, ¿qué pasará?
A propósito, ¿en qué operación está metido?
Si acudiera, ¡qué disparate!
No le tocó, pero ¡si llega a apuntar más bajo!

Si se siguen varias oraciones con admiración o interrogación, sólo debe empezar con mayúscula la primera:
¿Has estado enfermo?; ¿por qué no has escrito?; ¿crees que es correcto tu proceder?
¡Qué sinvergüenza!; ¡qué cínico!; ¡quién lo hubiera creído!

Aunque raramente, ocurre que ciertas cláusulas son interrogativas y admirativas a la vez, y en ellas habrá de ponerse signo de interrogación al principio y de admiración al fin, o viceversa.
Copiamos dos ejemplos de la gramática de la Academia:
¡Que esté negado al hombre saber cuándo será la hora de su muerte?
¿Qué persecución es ésta, Dios mío!

Paréntesis

Se encierra dentro del paréntesis una oración aclaratoria o incidental, no necesaria para la comprensión de lo que se está diciendo:
Los hermanos Grimm (Guillermo Carlos, 1786-1859, y Luis Jacobo, 1785-1863) fueron dos célebres profesores de Gotinga.
Los pueblos que hablan el catalán o alguna de sus variedades (Cataluña, Valencia y las islas Baleares) conservan su propio lenguaje y lo cultivan literariamente.
No conocía a otro hombre tan útil y adaptable a uno como un zapato usado (perdonen la comparación).

Cuando una oración o una frase entre paréntesis aclara otra que va entre comas, se pone la coma fuera del paréntesis:
Así, Guillermo Pereira, que fingía dormir en su diván (ante todo por su seguridad, según su lema), estudiaba la situación.

Si la oración o la frase entre paréntesis termina la cláusula, el punto se pone fuera del paréntesis, y si toda la cláusula está entre ellos se pone el punto dentro:
Así, Guillermo Pereira fingía dormir en su diván (ante todo por su seguridad, según su lema).
...y espoleando a su caballo llegó pronto a la cima de una colina. (Había en los alrededores de la ciudad una serie de verdeantes colinas, que constituían un paisaje muy pintoresco.)

Se ponen también entre paréntesis los datos aclaratorios, explicaciones de abreviaturas, etc.:
La gramática se divide en cuatro partes, las cuales corresponden a los cuatro fines de CONOCER *(Analogía),* ORDENAR *(Sintaxis),* PRONUNCIAR *(Prosodia) y* ESCRIBIR CORRECTAMENTE *(Ortografía).*
Al género epiceno (en griego significa EN COMÚN*) pertenecen búho, escarabajo (masculinos); águila, rata (femeninos) y otros varios.*
Fue, durante muchos años, conserje del FTN (Fomento del Trabajo Nacional).

Cuando una frase o una oración entre paréntesis requiera otra también entre paréntesis, lo más acertado es emplear para la segunda los paréntesis rectos; como: (Véase MENTE [Adverbios en].).

Guiones largos

Se ponen guiones largos para separar oraciones incidentales, menos prescindibles que las que se encierran entre paréntesis:
El encanto de la reina — acerca de ello coinciden todos los testimonios — consistía en la gracia de sus movimientos.
«No es lo más urgente — decía yo en 1921 —, siquiera sea muy útil para determinados fines, disponer de un libro que nos enseñe a comprender lo escrito.»

Después de recoger, y aun de limpiar y fijar — añadía más adelante — con todo esmero el caudal léxico del idioma, todavía queda por hacer lo más difícil y lo más importante.
Corrió a casa del doctor — distante una manzana de la suya —, el cual le administró un vomitivo.

Se pone un guión largo al principio de cada oración o de cada cláusula de un diálogo, cuando cambia el interlocutor, y otro guión al fin de la oración o de la cláusula, si sigue una oración complementaria:
—Así me gusta, Roberto.
—Pero, ¿pudo usted convencerla o no? — preguntó al abogado.
Ambos chocaron sus copas, y Jorge preguntó: — ¿Y qué le trae a usted por aquí?

Se usa también para suplir una palabra dentro de un mismo renglón, o en principio de línea:
Abatirse al suelo —con dificultad —de espíritu —en, por los reveses.

DECIR: *su conjugación e irregularidades*, 162.
— *sus compuestos*, 162.
— *verbo enunciativo y de voluntad*, 386.

Dos rayas (=)

Este signo se emplea actualmente sólo en las copias, en especial las hechas en papel sellado, para indicar que en el original se pasa a párrafo aparte.

Comillas

Se ponen entre comillas los nombres de periódicos y establecimientos; por ejemplo: «El Heraldo», «El Siglo», «El Oro del Rin».

Se ponen también entre comillas los textos literales de citas:
Sobre la conjunción dice la gramática de la Academia:
   «Conjunción es la palabra invariable que sirve para denotar el enlace entre dos o más palabras u oraciones.»

Cuando lo que se cita tiene varios párrafos se ponen comillas al principio de cada uno de ellos, pero sólo al fin del último:
La carta de Luis decía únicamente:
   «Cuando vuelva usted a ver a su sobrina, dígale que me enorgulleceré de que sea mi esposa. Aprovecho esta oportunidad para pedirle a usted el consentimiento.
   »Le agradezco la atención de que me hace objeto en su telegrama; nada tengo que decir sobre ello.»

Como ha podido observarse, el punto va dentro de las comillas, si pertenece a lo citado.

A este propósito nótese que si lo que se cita está al fin de la cláusula y no lleva punto, éste debe ponerse fuera de las comillas:
Debe decirse que escribió textualmente: «estoy orgulloso de ellos».

Cuando una frase o una oración entre comillas requiera una palabra o una frase entre comillas, lo mejor será emplear para la primera las comillas « » y para la segunda las " ":
Alberto decía en su carta: «Navegaré en el "Ranger" durante tres días.»

Cuando el que escribe quiere distinguir ya vocablos o citas en lengua extranjera, ya palabras o frases arcaicas o dialectales, o barbarismos, debe subrayarlos en lo manuscrito, y en lo impreso deben ser puestos en letra cursiva si el contexto está en redonda, y viceversa:
La institutriz, miss Clark, *entró y saludó ceremoniosamente.*

— 41 —

La señora Jiménez ofreció la sauce piquante *de su conversación.*
—*Lo contaremos al* senior medicu. *Témome que le dé a la señora un* atranque.

Diéresis

Se pone diéresis sobre la *u* de las sílabas *gue, gui,* para indicar que en ambas ha de pronunciarse esta vocal: *güelfo, güira.*

En poesía se usa para dar una sílaba más a una palabra que tiene diptongo: *fïel, süave* (pronúnciese: *fi-el, su-a-ve*).

¡CUIDADO CON LOS GERUNDIOS!

Quien escribió: «*Allí fue donde el alpinista resbaló arrastrando a los demás encordados*» quiso decir que el alpinista resbaló y, a consecuencia del resbalón, arrastró a los demás; pero en realidad dijo que resbaló mientras arrastraba a los demás. El gerundio expresa una simultaneidad con el verbo que lo precede; la frase que contiene el gerundio viene a ser una locución adverbial que modifica al principal verbo de la oración.

Por consiguiente, nunca debe usarse el gerundio si la acción que él expresa no es simultánea con la del otro verbo. Si escribimos: *Pasaron por el lado de Luis mirándole con curiosidad*, la oración es correcta si los que pasaron miraron al mismo tiempo a Luis. Si le miraron después de pasar, tendremos que escribir: *Pasaron por el lado de Luis y le miraron con curiosidad*, y aún mejor: *Pasaron por el lado de Luis y, luego, le miraron con curiosidad*.

Si se dice: *La niña anduvo hacia la puerta sin añadir palabra, saliendo de la estancia*, es incorrecto, porque se expresa mejor la idea diciendo: *La niña anduvo hacia la puerta sin añadir palabra y salió de la estancia*.

El inconsiderado uso de los gerundios es causa de que se escriban períodos tan confusos y malsonantes como el que sigue: *La niñera se levantó sonriente, recogiendo la labor, y buscándole claveles, cogió al niño en brazos besándole mil veces y dirigiéndose a la casa*, lo cual puede expresarse correctamente así: *La niñera se levantó sonriente y recogió la labor; luego cogió claveles, tomó al niño en brazos y besándolo mil veces se dirigió a la casa.*

La oración: *Al entreabrir los ojos, la viajera vio los de la muchacha puestos en ella contemplando con visible atención la chillona bufanda que asomaba por su chaqueta* se presta a anfibología, pues no se sabe exactamente quién contemplaba a quién. Puede suponerse que es la muchacha la que contempla, y escribiremos, para que no haya el menor equívoco: *Al entreabrir los ojos, la viajera vio los de la muchacha puestos en ella, pues la jovencita contemplaba con visible atención la chillona bufanda que asomaba por la chaqueta de la forastera.*

En vez de poner: *Luis tomó su maleta y saltó al andén, sabiendo, por primera vez en su vida, lo que era sentirse forastero en un lugar extraño,* póngase: *Luis tomó su maleta y saltó al andén; entonces supo, por primera vez en su vida, lo que era sentirse forastero en un lugar extraño.*

Y en vez de: *Después de un ligero titubeo se encaminó a la salida, decidiendo que lo más práctico sería tomar un taxi,* póngase: *Después de un ligero titubeo se encaminó a la salida y decidió que lo más práctico sería tomar un taxi.*

Gerundios bien empleados:

Se había casado por amor con un hombre de condición inferior a la suya, contrariando con ello las ambiciones de su familia.
—Eso es lo justo —admitió Juana poniéndose en pie.
Se fue pensando que había sido una buena lección.
Y de allí manaba una fuente cuyas aguas se deslizaban formando manso arroyo y alimentando en torno un prado amenísimo (Valera, *Dafnis y Cloe*).
Oponiéndose tu padre, no puedes marcharte.
Siendo tan buen estudiante acabará pronto la carrera.
Echó a su hijo en un horno ardiendo.

Evítense las anfibologías al emplear el gerundio; por ejemplo: *Vi a mi tío tomando el sol.* En vez de esto, dígase: *Tomando yo el sol vi a mi tío,* o también: *Vi a mi tío, que tomaba el sol. — Vi a Pedro paseando*, en vez de: *Paseando vi a Pedro* o *Vi a Pedro, que paseaba.*

El gerundio compuesto no denota simultaneidad, sino una acción ya pasada: *Habiendo regresado a su pueblo, reanudó su profesión de guía y vivió con su familia. — Habiendo alcanzado el glaciar, atacaron los temibles despeñaderos. — Habiendo sido ya engañado, creyó de nuevo aquellas simplezas.*

Acompañado de la preposición *en*, el gerundio significa una acción inmediatamente anterior a otra, y equivale a *luego que, después que: En llegando Pedro a la plaza, estalla un ensordecedor griterío (Luego que Pedro llega...). — Sancho no durmió aquella siesta, sino que, por cumplir su palabra, vino, en comiendo, a ver a la duquesa (Sancho... vino, después que hubo comido...).*

Es galicismo emplear el gerundio en expresiones como ésta: *Te envío un paquete conteniendo un par de zapatos. — El gobierno promulgó un decreto prohibiendo las reuniones al aire libre.* Es más propio de la lengua castellana decir: *Te envío un paquete que contiene...*, o *...un paquete con un par de zapatos. El gobierno promulgó un decreto que prohíbe...*

También es incorrecto decir: *Era un hombre pobre viviendo en una cabaña*, en vez de: *...que vivía en una cabaña.*

Hay que manejar, pues, el gerundio con mucho tiento. El que escribe no debe dejarse llevar por la facilidad que ofrece esta forma verbal para introducir complementos o completar períodos, sino que debe reflexionar antes de emplearla y dar a la frase otro giro si el gerundio no encaja.

El emplear gerundios sin ton ni son hace pesados e intolerables ciertos períodos, como ha podido verse en un ejemplo que antecede.

PRONOMBRES

Si queremos decir: *Aquella mañana era la mañana de su despedida,* evitamos la repetición del vocablo *mañana* empleando un pronombre (que suple al nombre). Así, podemos decir: *Aquélla era la mañana de su despedida,* o *Aquella mañana era la de su despedida,* donde la palabra *aquélla,* en la primera forma, y la palabra *la,* en la segunda, representan al substantivo *mañana.*

Asimismo, en vez de decir: *Los niños habían sido confiados a Beatriz, y Beatriz los había hecho suyos,* diremos: *Los niños habían sido confiados a Beatriz, y ésta los había hecho suyos,* o *...a Beatriz, que los había hecho suyos,* donde los vocablos *ésta* y *que* suplen a *Beatriz.*

Ahora bien, lo que interesa aquí es tratar de los pronombres de tercera persona: *lo, la, le, los, las, les,* en el uso de los cuales reina una tremenda confusión.

Lo, le, los, les

Si queremos decir: *Me acerqué a Pedro para ver mejor a Pedro,* evitamos la repetición de *Pedro* mediante el pronombre *le* y decimos: *Me acerqué a Pedro para verle mejor.* Desde un punto de vista estrictamente gramatical, debería decirse *...para verlo mejor,* pero el uso ha consagrado ya la forma *le* como acusativo, y la Academia la ha autorizado. De modo que la forma *le* es tanto acusativo como dativo masculinos del pronombre de tercera persona en singular. Por lo tanto, decimos indistintamente: *Me acerqué a Pedro para verle mejor* y *Me acerqué a Pedro para darle la bienvenida* (el primer *le* es acusativo, y el segundo, dativo).

En cambio, la Academia no ha autorizado la forma *les* como acusativo y dativo masculinos en plural. Así, hay que decir: *Me acerqué a Juan y a Pedro para verlos mejor (los* acusativo, o complemento directo), y *Me acerqué a Juan y a Pedro para darles la bienvenida (les* dativo, o complemento indirecto; el complemento directo es la *bienvenida).*

Por consiguiente, es incorrecto decir:

Son unos atractivos harto fugitivos para que se LES *pueda adivinar a través de unos retratos.*
Lo que más LES *atrae (a los niños) son los bailes del Casino.*
*No lo hizo porque temía disgustar*LES *(a sus hermanos).*
*El esquimal frotó su nariz contra la de los recién llegados, uno tras otro, para saludar*LES.
Llevóse consigo a Juana y Miguel y LES *guió por la tienda.*

En los cinco ejemplos que anteceden, *les* debe ser substituido por *los,* porque los cinco verbos son transitivos y, por consiguiente, este pronombre es complemento directo.

En cambio, el pronombre no puede ser complemento directo cuando el verbo que lo rige es intransitivo, como en los casos siguientes:

*La Historia arrinconó a un hombre que dirigió todos los partidos y fue el único en sobrevivir*LES.
Los otros contestaron al saludo y se alejaron, si bien LES *dolía mucho.*
*¡Telefonéa*LES*!*

En estos tres ejemplos, el verbo es intransitivo, es decir, la acción que significa no pasa a una persona o una cosa distinta de aquella que la verifica; tienen en el sujeto su cumplimiento. Una persona sobrevive, pero no puede recibir la acción ella misma. Dicho de otra manera: uno no ejerce esta acción sobre otro, sino más allá que otro. Lo mismo con *telefonear:* una persona puede telefonear, pero no puede ser telefoneada; se telefonea A ella. El verbo *doler* significa *causar pesar o sentimiento;* por lo tanto, él mismo lleva el complemento directo, y la frase *les dolía* equivale a *les causaba pesar.*[1]

---
1. Véase pág. 115, en que tratamos más detalladamente de los verbos transitivos y de los intransitivos.

He aquí algunos ejemplos en que *les* es dativo y, por consiguiente, correcto:
Tiraron hasta que se les puso el rostro colorado como una fresa.
Pensó en sus fatigados miembros y en lo agradable que sería darles algún descanso.
Los niños recordarían aquella mañana, pues fue la primera vez que les permitieron bajar al jardín.
María les sirvió la cena (a los niños).

En el ejemplo siguiente hay un *les* y un *los* correctos, porque rige al primero un verbo intransitivo, y al segundo uno transitivo:
El perro jugaba con los niños, que a veces le atormentaban sin que él les gruñera o los mordiera jamás.

La, le, las, les

El acusativo femenino del pronombre de tercera persona singular es *la* (plural *las)* y el dativo *le* (plural *les):*
La vi y no la conocí (la complemento directo).
Encontré a Juana y le entregué el dinero (le complemento indirecto).
Cuando ha acostado a las niñas, la mujer las mece y les canta muy bajito (las complemento directo; *les* complemento indirecto).

Ahora bien, esto, que no tiene dificultad alguna, se ha complicado enormemente por la fuerte tendencia a dar al dativo femenino la forma *la* y al acusativo femenino la forma *le*. Así las vemos empleadas con harta frecuencia, tanto en lo manuscrito y en lo impreso como en lo hablado:
La di un beso (la como dativo).
¡Telefonéela! (la como dativo).
Quiere convencerse de que nada anormal la acontece (la como dativo).
Se volvió a su discípula y la dijo: (la como dativo).

Esto sólo es lo que la compete (la como dativo; *competer* es verbo intransitivo).
Yo no la permitiría dedicarse a eso (la como dativo).
La sirvienta apelaba a su ama para hacerla sentir el peso de sus deberes (la como dativo).
Si no le molesta (a Juana) *(le* como acusativo).
Ya sé que le disgusta (a mi mujer) *(le* como acusativo).
Lo que más le atrae (a la reina) *son los bailes de la Ópera (le* como acusativo).
Diviértele (a la princesa) *hacer una jugarreta al odiado reglamento de palacio (le* como acusativo).
A la razón de dos lados homólogos se le llama razón de semejanza (le como acusativo).
No duran mucho los entusiasmos de la reina; en general, le aburre ya mañana lo que aún ayer le encantaba (le dos veces como acusativo).
Le asombra (a la reina) *la actitud del ministro (le* como acusativo).

No vacilamos en calificar de absurda esta tendencia, por lo menos en lo escrito, y opinamos que debe combatirse con energía. Si en algunas partes de España emplean la forma *la* como dativo y la forma *le* como acusativo, debe considerarse como dialectal, o como *argot*, pero no debe transigirse con ello en lo literario.

Póngase, pues, *la* cuando es acusativo y *le* cuando es dativo, teniendo en cuenta lo que decimos de los verbos intransitivos en el apartado anterior.

En caso de que, por estar correctamente un pronombre, la oración se prestara a equívoco, cámbiese la construcción. Así, por ejemplo: *La señora determinó concurrir con su marido al festín que le habían preparado.*

Dígase: *La señora determinó concurrir con su marido al festín que habían preparado para ella.*

Lo (neutro)

Se emplea para representar un predicado:
—¿*Es usted mi tío Juan? — Lo soy.*
—¿*Sois enemigos de los infieles? — Lo somos.*
Axel se expuso para salvarlos a todos. Pero no lo quisieron (lo representa que los salvara).

En estos tres ejemplos, *lo* es pronombre neutro. *Lo* es artículo cuando se usa para determinar un vocablo substantivado, que no significa una cosa en particular, sino un conjunto: *lo bueno, lo escrito, lo impreso, lo mío.* También se antepone a un adverbio, como: *lo cerca, lo lejos,* que expresan, respectivamente, el concepto de proximidad y el de lejanía.

A propósito de esto, recordamos que la Academia recomienda que se emplee el artículo *lo* en las locuciones *lo presente, lo pasado, lo futuro,* o *lo por venir,* en vez de *el presente, el pasado, el futuro.*

Pronombres pleonásticos

Copiamos de una biografía:
«*Gluck corre furioso hacia la reina, a la cual le divierte aquel hombre silvestre.*» En esta oración, el pronombre *le* es no sólo incorrecto, puesto que se trata de un acusativo, sino superfluo, porque viene después de otro pronombre que ya basta para denotar el complemento (lo correcto es: ...*a la cual divierte*...).

«*Se puso al cardenal en contacto con una figuranta a quien se le había enseñado a decir algunas palabras.*» Aquí basta decir: ...*a quien se había enseñado*...

«*La reina le llama "hermanita" a Madame Elisabeth.*» El *le* es incorrecto y superfluo.

Otros ejemplos:
«*Es un paisaje admirable, con el mar lamiéndole el pie a los pinos.*» El *le* es incorrecto y superfluo.

«*Tomemos como ejemplo un ingeniero a quien se* le *haya encargado levantar un puente.*» El *le* es superfluo.

«*A las tropas de protección* le *han privado de su jefe, de su enérgica mano.*» En este caso el *le* es un disparate, porque representa a *tropas*, nombre femenino y plural. Lo correcto es: *Han privado a las tropas de protección de su jefe, de su enérgica mano.*

«*Por martilleo y otros medios* le *fueron dadas a los modelos ocho formas diferentes.*» El *le* es incorrecto y superfluo.

«*Hay un pico de mil pesetas, que* lo *hemos reservado para propinas.*» El pronombre relativo *que* representa *un pico de mil pesetas;* por lo tanto, el *lo* es superfluo.

«*Inquietudes eran éstas que me* las *daba a mí el corazón.*» El pronombre *que* representa *inquietudes;* por consiguiente, *las* es superfluo.

«*Todo el mundo me sonríe y* le *sonríe a mis perros.*» El *le* es incorrecto y superfluo.

Uso abusivo de pronombres

Tú lo que sin duda eres es una mujer práctica, en vez de: *Tú eres sin duda una mujer práctica.*

Por eso es por lo que el dinero no significa nada, en vez de: *Por eso el dinero no significa nada.*

Es preciso que no crea que lo que buscas es su dinero, en vez de: *Es preciso que no crea que buscas su dinero.*

Al muchacho no hay que mandarlo al pueblo, en vez de: *No hay que mandar al muchacho al pueblo.*

Sus ocios no los entretiene en escarbar madrigueras, en vez de: *No entretiene sus ocios en escarbar madrigueras.*

Las piernas debemos cubrírnoslas para preservarlas de las zarzas, en vez de: *Debemos cubrirnos las piernas para preservarlas de las zarzas.*

Así que, por no despertar sospechas, fue por lo que jamás di motivo a la más ligera indicación, en vez de: *Así, por no despertar sospechas, jamás di motivo a la más ligera indicación.*

Cuyo

Se emplea mal este vocablo cuando substituye a *el cual*, por ejemplo: *Se trata de la imagen creada en la memoria, a cuya imagen llamamos visión.* Hay que decir: *...a la cual imagen...*, y, en caso de que repugne esta construcción, puede decirse: *...y llamamos visión a esta imagen.*

Otro ejemplo: *Entonces se introdujo en las academias el estudio del cuerpo desnudo, junto al dibujo de los modelos en yeso, en cuyos estudios la admiración de lo antiguo representa,* etc. Si repugna la construcción: *...en los cuales estudios...*, dígase: *...de los modelos en yeso; en estos estudios...*

Tercer ejemplo: *Dos perros se lanzaron detrás del fugitivo, cuyos perros fueron luego hallados muertos en un prado.* En este caso, puede muy bien decirse: *...del fugitivo, los cuales fueron...*, porque no hay equívoco posible, ya que el antecedente del pronombre *los cuales* no puede ser *fugitivo*, que está en singular.

Citamos una oración del Quijote (II, LXX), en la cual Cervantes emplea *el cual* y no *cuyo*: «*Don Quijote volvía a cumplir, como buen caballero andante, la palabra de retirarse un año en su aldea, en el cual tiempo podía ser que sanase de su locura.*»

Lo que caracteriza a *cuyo* es su función de relativo posesivo, o sea que relaciona a dos nombres, el segundo de los cuales es siempre persona o cosa poseída o propia del primero; por ejemplo: *Los criados cohíben a las personas a cuyo servicio están.* — *El señor aprecia mucho a los servidores cuya fidelidad es constante.* — *Le presentaremos a la señora Durán, a cuyos hijos usted ya conoce.* — *En un lugar de la Mancha, de cuyo nombre no quiero acordarme...* — *Se llevó consigo a Juan, sin cuya presencia no podía hacerse nada.*

Cuyo equivale a *de quien* en los casos siguientes: *aquel cuyo fuere el manuscrito; aquella cuya es la casa,* y *no sé cúyo es este cuadro.*

La Academia permite el uso de *cuyo* cuando concierta con los vocablos *causa, ocasión, razón, fin, motivo, efecto* y otros semejantes:

Felipe Augusto había decidido apoderarse del trono, a cuyo efecto había comenzado ya las operaciones.

A veces las alumnas tienen a sus padres lejos, en cuyo caso pueden hacerse visitar por sus amistades.

Sus libros eran románticos y almibarados, por cuyo motivo tenían éxito.

Antes de morir quemó sus obras, por cuya razón no poseemos ningún escrito suyo.

En los ejemplos que preceden se puede dar otro giro a la frase y decir:

1.er ejemplo: ...*del trono, y a este efecto*...
2.º   »   ...*padres lejos; en este caso*...
3.er   »   ...*y almibarados, y por este motivo*...
4.º   »   ...*sus obras; por esta razón*...

Es preferible que el vocablo *cuyo* se reserve para su función genuina, que es relacionar dos nombres, el segundo de los cuales es persona o cosa poseída o propia del primero.

Antes de terminar este capítulo advertiremos que no debe invertirse el orden de dos pronombres seguidos; *me se volvió el paraguas al revés*, en vez de *se me volvió; te se puso roja la nariz*, en vez de *se te puso*.

Tampoco debe usarse un pronombre inadecuado, como: *Adela, ya es hora de que vuelvas en sí;* dígase *en ti* (aunque en tercera persona debe decirse *en sí;* por ejemplo: *Adela tardó mucho en volver en sí*).

DIVISIÓN DE PALABRAS

En castellano

Tanto en lo manuscrito como en lo impreso es preciso dividir una palabra cuando al fin del renglón ésta no cabe entera, lo cual ocurre con frecuencia.

En la división de las palabras se ha de respetar la integridad de las sílabas, de modo que al escribir una parte del vocablo queden enteras una, dos o tres sílabas del mismo. Así, al dividir el adjetivo *ordinarios,* tendremos en cuenta que se compone de cuatro sílabas, *or-di-na-rios,* y procuraremos que queden al fin del renglón sílabas enteras.

Lo que hay que tener principalmente en cuenta, al dividir una palabra en sílabas, son los diptongos y los triptongos, los cuales forman una sílaba entera. Como hemos dicho anteriormente, un diptongo se compone de una vocal débil, *i* o *u,* y una fuerte, *a, e, o,* y un triptongo se compone de dos débiles y una fuerte, como *iais,* de *decidíais; ueis,* de *continuéis* o *amortigüéis.* También se considera triptongo la sílaba *uey,* en que figura una *y.* Por consiguiente, no podrá dividirse el vocablo *buey,* y el nombre *Camagüey* se dividirá en tres sílabas: *Ca-ma-güey.*

Cuando la primera o la última sílaba de una palabra sea una vocal, no debe ponerse aquella letra sola al fin o al principio de línea; por ejemplo: *Los a-(mores); el emple-o* (la *o* al principio de la línea siguiente).

Cuando en la composición de una palabra figure un prefijo, se podrá dividir la palabra sin tener en cuenta el prefijo. Así tan lícito será *nos-otros* como *no-sotros, des-amparar* como *de-samparar, des-unir* como *de-sunir, des-*

ahuciar como *de-sahuciar* (a propósito del prefijo *des* nótese que el verbo *desechar*, en su acepción de *excluir, reprobar, rechazar*, es voz simple y, por lo tanto, no puede dividirse nunca *des-echar;* el mismo verbo, en su acepción de *mover hacia atrás*, por ejemplo un cerrojo, puede dividirse como hemos indicado).

Igualmente, puede dividirse *sub-alpino* o *su-balpino*, *tran-satlántico* o *trans-atlántico*, aunque no cabe decir lo mismo en el caso de los prefijos *in* y *an*, porque, como decimos antes, no son lícitas las divisiones *i-nactivo, a-nafrodisia*.

Las voces compuestas se dividirán separando las vocales:
entre-acto, veinti-ocho, guarda-agujas, re-unir, ante-ayer, contra-escota.

Las voces compuestas cuyo segundo elemento lleva acento para disolver el diptongo se dividirán también separando las vocales, pero entonces se suprimirá el acento; por ejemplo: *pisaúvas, sobreúña (pisa-uvas, sobre-uña)*. *Reúne* se dividirá así: *re-une* (sin acento sobre la *u*).

Jamás se dividirán la *ch*, la *ll* y la *rr: mu-cha-cho, mu-lli-do, ca-rre-te-ra*.

Hay que evitar la división de abreviaturas como: *S. A. R., S. M., S. E.*, y la separación de º/₀ y º/₀₀ de la cifra a la cual siguen (5 º/₀, 4 º/₀₀).

En francés

La división es también por sílabas, pero hay que tener en cuenta las consonantes dobles, que se pronuncian separadas, y las partículas apostrofadas. Las consonantes dobles se dividen, y las partículas apostrofadas no; por ejemplo:

C'est un nouveau genre d'affaires.
Un homme qui s'illustre.
Les vieillards se défièrent de l'innovation.

No pueden, pues, dividirse la *c* de *c'est*, la *de* de *d'affaires*, la *s* de *s'illustre*, ni la *l* de *l'innovation*. En cambio, se dividen las *ff*, las *ll* y las *nn: d'af-faires, s'il-lustre, l'in-novation.*

No se divide el dígrafo *gn*, que equivale a la *ñ: accompa-gner, compa-gnie.*

La *t* eufónica debe ponerse al principio de línea: *Que dira-/t-on? Ne viendra-/ti-il pas?*

No hay que dividir una palabra de modo que pase a la siguiente línea una sílaba con *e* muda, porque la consonante que precede a esta *e* es absorbida por la vocal anterior:
 péta-le, lyri-que, dialo-gue, admira-ble, préfi-xe, catas-tro-phe.

Las palabras compuestas en que al apóstrofo sigue una consonante se dividen dejando el apóstrofo y el guión al fin de la línea:
 grand'-/garde, grand'-/chambre, grand'-/mère.

La división de los vocablos compuestos puede ser silábica y etimológica:

Silábica	Etimológica	Silábica	Etimológica
anémos-cope	anémo-scope	subs-tantif	sub-stantif
circons-crire	circon-scrire	cons-tamment	con-stamment
cons-cience	con-science	obs-tiné	ob-stiné
ma-ladroit	mal-adroit	abs-traction	ab-straction
		atmos-phère	atmo-sphère

En inglés

1.º Se divide las consonantes dobles:

con-nection
god-dess
am-monia
intel-lect

dros-siness
dreg-giness
sup-portable

pas-sion
pres-sure
fis-sure,

excepto cuando un derivado conserva la ortografía y el acento, así como el significado, de la raíz o del primitivo: *compass-es, dress-es, tell-er, add-ing.*

2.º Se dividen las palabras compuestas de elementos con significado propio; como: *foot-stool, mill-stone, way-faring.*

3.º Se dividen dos vocales que se pronuncian separadas; como *a-orta, a-eri-al, sci-ence, curi-osity, o-olite, ortho-epy, moi-ety, cow-ard, abey-ance, joy-ous, buoy-ant.*

4.º Se separan los sufijos *ing, ed, er, est, ist, eth, ish: rag-ing, delug-ing, add-ing, district-ed, controvert-ed, rang-er, lead-er, danc-er, tell-er, distill-er, great-est, colon-ist, twenti-eth, wasp-ish.*

Sin embargo, no se separa *ed* cuando se pronuncian en una sola emisión de voz la última sílaba del verbo y la *ed* o *d* del participio; así:

El participio de *oppress* se divide *op-pressed*
   »   » *announce* » *an-nounced*
   »   » *analyze* » *ana-lyzed*
   »   » *criticize* » *criti-cized*
   »   » *expose* » *ex-posed*

El participio de *annex* se divide *an-nexed*
   »   » *anguish* » *an-guished*
   »   » *polish* » *pol-ished*
   »   » *armour* » *ar-moured*
   »   » *flavour* » *fla-voured*
   »   » *harden* » *hard-ened,*

curved, participio de *curve,* no puede dividirse.

5.º Se dividen las partículas prefijas:

ob-ligation	*out-line*	*up-side*
be-tween	*some-time*	*with-draw*
be-ware	*some-while*	*pre-scribe*
un-able	*no-thing*	*pro-scribe*
fore-doom	*ab-sorption*	*in-scribe*
sub-acid	*for-bear*	*en-dear*
how-ever	*pre-amble*	*bi-cycle*
dis-arm	*ever-lasting*	*mis-employ*

6.º No pueden dividirse *ck, sh* ni *th*:

rath-er	*a-shamed*	*punish-able*
fa-ther	*broth-er*	*rack-ety*

Tampoco se separa el dígrafo *dg*; como: *judg-ment*.

— 57 —

7.º Cuando una consonante (o un dígrafo, como *ph, gh, th, ck,* o un trígrafo, como *sch)* se halla entre dos vocales pronunciadas, o sus equivalentes, la consonante se agrega a la segunda vocal: *fa-ther, fa-vor, rea-son, beauti-ful, inva-lid, no-ti-fy, pla-guy, ro-guish,* etc.

8.º No se separan las consonantes que siguen a una vocal o dígrafo de vocales que se pronuncian acentuadas: *capac-ity, mag-ic, reg-iment, prec-ipice, rustic-ity, dig-it, log-ic, sev-eral, wom-an, clem-ent, clev-is, read-y, fair-y, clin-ic, hard-en, thick-en, hab-it, bos-om, apologet-ic, present* (pero *pre-sent* [verbo]), *dirt-y, serv-ice, moth-er,* etc.

9.º Se separan las consonantes *t, s, z, c, sc, g* o *d,* cuando absorben total o parcialmente la *i* o la *e* que siguen: *condi-tion, na-tional, ra-tional, spe-cial, vi-cious, con-science, gla-zier, vi-sion, eva-sion, ques-tion, admix-tion, reli-gion, conta-gious, sol-dier.* Excepciones: *right-eous, omnis-cient.*

10.º Se separan las consonantes *s, z, t, d,* cuando la *u* que sigue las hace pronunciar como *sh, zh, ch* o *j: cen-sure, sen-sual, in-sure, era-sure, sei-zure, na-ture, fea-ture, vesture, depar-ture, intellec-tual, tumul-tuous, proce-dure.*

11.º Pero las consonantes *s, z, t, d,* seguidas de *u,* no se separan de la vocal o vocales cortas que las preceden cuando éstas se pronuncian acentuadas: *az-ure, pleas-ure, cas-ual, nat-ural, habit-ual, congrat-ulate, ed-ucate, mod-ule, sched-ule.*

12.º Una *x* pronunciada como *ks* o *gz* no puede empezar nunca una sílaba: *anx-ious, ex-amine, vex-ation, complex-ion, crucifix-ion, flux-ion.*

No puede empezar sílaba la *r* precedida por *â* (o un equivalente); como: *par-ent, bear-er, fair-est;* o por *ê* (o un equivalente): *aver-age, gener-al, timor-ous, liquor-ice.*

Tampoco pueden empezar sílaba la *l,* la *n* o la *v* seguidas de *i* que suene como la consonante *y: fol-io, al-ien, pecul-iar, gen-ius, conven-ient, sav-ior, behav-ior, Span-iard, min-ion, on-ion.*

13.º No se separan los vocablos que se pronuncian en una sola emisión de voz. Así, se consideran monosílabos: *hour, James's, burned, mouthed, guide, quite, quote, cheap, dealt, stealth, changed, hewed, ploughed, curved,* etc.

LETRA MAYÚSCULA, O DIACRÍTICA

Al leer la siguiente oración: «*Por primera vez se abre la puerta del panteón para que Mirabeau repose allí toda la eternidad*», queda uno desconcertado, porque se pregunta cuál es ese determinado panteón que se abre por vez primera. Si el autor de esta oración hubiese escrito *Panteón,* en vez de *panteón,* la *p* mayúscula nos habría indicado que se trataba de un nombre propio, que designa un monumento. En efecto, se trata del célebre edificio que durante la Revolución francesa se destinó a panteón de los hombres ilustres del país vecino.

El ejemplo que precede demuestra la necesidad de la letra diacrítica, o sea de distinguir, mediante la mayúscula, un nombre propio de un nombre común.

En la oración: «*Al emanciparse los artistas de la iglesia, se emanciparon también de la mitología y de la historia, para lanzarse en brazos de la naturaleza*», las palabras *iglesia, historia* y *naturaleza* deben distinguirse con mayúscula, porque las empleamos en sentido absoluto; o sea que nos referimos, respectivamente, al conjunto de la organización eclesiástica, a la historia en general y al conjunto de las cosas existentes. En cuanto a *mitología,* sólo tiene un sentido.

Es distinto el sentido de la palabra *parlamento* en los dos casos siguientes: *La ley se discutió durante dos días en el parlamento,* y *Su parlamento resultó árido y pesado.* Es evidente que en el primer caso dicha palabra debe llevar mayúscula.

Asimismo, el sentido de *antigüedad* es distinto en: *Le ascendieron por antigüedad,* y *En la antigüedad, los romanos dominaron el mundo.* En el segundo caso, el vocablo debe llevar mayúscula.

Son nombres propios y deben escribirse, pues, con mayúscula:

Las edades y épocas: la Edad Media, la Edad de Piedra, el Renacimiento.

Las instituciones: el Papado, la Sublime Puerta, el Imperio británico, la Convención, el Tribunal Supremo, el Estado.

Los hechos históricos: la Guerra de los Cien Años, la Revolución francesa, las Vísperas sicilianas.

Los periódicos: La Vanguardia, El Heraldo, La Esfera.

Las fiestas: la Natividad del Señor, el Día del Libro, la Fiesta de la Raza.

Los nombres por antonomasia: El Príncipe de los Apóstoles, el Águila de Patmos, el Apóstol de los gentiles.

Los elementos y los nombres abstractos personificados: las caricias de Céfiro, el hijo de la Tierra (Saturno), Aquilón, hijo de la Aurora.

Téngase en cuenta que algunas palabras tienen valor distinto según el empleo que se les da. Así deberá escribirse:

Es la plaza mayor del pueblo, pero *Pedro vive en la Plaza Mayor.*

En invierno salimos a tomar el sol, pero *el Sol es el rey de los astros.*

En los nombres de dignidad se ponen mayúsculas cuando figuran solos en la oración: *el Papa, el Rey, el Emperador, el Duque, el Príncipe.*

Cuando los nombres de dignidad acompañan al nombre propio o al del reino o Estado se ponen en minúscula: *el papa Pío XII, el rey Humberto, el rey de Bélgica, el emperador Carlos V, el duque de Osuna, el príncipe de Asturias.*

Sin embargo, puede ocurrir que al escribir, por ejemplo, la biografía de un rey o de un príncipe, haya que mencionar a menudo, por su título, a personas que pertenecen a la realeza o a la nobleza. En este caso es preferible poner el título en minúscula, con valor de nombre común, para evitar que en una página figure un exceso de mayúsculas. Por ejemplo:

El príncipe se apeó de su caballo y anduvo un rato al lado del marqués, el cual tuvo que atender simultáneamente a la conversación de aquél y a la de la duquesa.

Diremos, por fin, que resulta pueril querer subrayar la importancia de nombres comunes poniéndoles inicial mayúscula, como en el caso de *catedral, mundo,* que se escriben a veces con mayúsculas. Estas palabras tienen un significado bien definido, que no variará cambiándoles el tamaño de una letra.

PREPOSICIONES

A

Quien escribió: «*Temo mucho a la excesiva juventud de mi hija, a la demasía de lisonjas en torno suyo*», cometió un error por haber puesto la *a* antes de dos complementos directos, nombres de cosa. Lo correcto es: *Temo mucho la excesiva juventud de mi hija, la demasía de lisonjas en torno suyo.*

Asimismo: «*Embrolla de modo aún más completo a una situación ya bien intrincada*», es una oración incorrecta, por ser la *a* innecesaria.

En la oración: «*El anhelo de aportar a muchos el libro puso en marcha a la idea de imprimir con caracteres móviles*», sobra la *a* que precede *la idea.*

Según la Academia, sólo pueden llevar la preposición *a* los nombres de cosas que personificamos; por ejemplo: *llamar a la muerte; calumniar a la virtud; temen más a la pluma que al acero.*

También se emplea en casos en que haya que evitar ambigüedad: *Acompaña al examen de las obras la noticia de muchos de sus autores. Todos le temen como al fuego.*

Creemos oportuno recordar que se emplea esta preposición con complementos directos, nombres de personas y nombres propios de animales.
He visto a mi tío. Carlos V venció a Francisco I. Alejandro cabalga a Bucéfalo.

Se antepone a los pronombres que se refieren a personas, y a los colectivos de persona: *no he visto a nadie; ¿conoces a alguien?; no ama a ninguna. Los juegos de circo deleitaban a la plebe. Los demagogos halagan a la muchedumbre.*

Cuando haya que distinguir el complemento directo de otro que no lo sea y deba llevar la preposición *a*, se suprime ésta ante aquél: *El rey envía a su primo un agente de confianza (su primo,* complemento indirecto; *un agente de confianza,* complemento directo). *Sólo al barón confía sus hijos (barón,* complemento indirecto; *sus hijos,* complemento directo).

Se introduce con *a* un nombre común de persona determinada: *Busco a la sirvienta de mi tía,* pero sin *a* un nombre común de persona no determinada: *Mi tía deseaba sirvientas cuidadosas.*

Esta preposición indica la dirección: *Miraba al cielo* (hacia el cielo). *Se ve a Gerona.* Determina el lugar o el tiempo en que sucede alguna cosa: *Se sentó a la mesa* (pero *Se sentó en la silla*). *Al siguiente sábado salió para Tánger. A aquella hora lo hacía con ilusión.*

Con el verbo *montar* es vicioso el uso de la preposición *a;* por lo tanto, no hay que decir: *La operación montaba a muchos millones,* sino *montaba muchos millones.*

La preposición *a* no debe anteponerse a ninguna otra; es, pues, solecismo decir: *Vamos a por agua.* Dígase: *Vamos por agua.*

También es solecismo poner *a* en vez de *que* en las comparaciones: *Se acerca en un tiempo cien veces menor al que se considera como mínimo,* en vez de: *... menor que el que...*

Otro solecismo consiste en introducir con *a* una subordinada que debe introducirse con *que:*

Los libros a *corregir,* en vez de: *Los libros que deben corregirse. La asamblea* a *realizar,* en vez de: *La asamblea que se realizará. El rozamiento se emplea como fuerza de unión entre los elementos* a *enlazar,* en vez de: ...*entre los elementos que hay que enlazar.*

De

Es un error omitir la preposición *de* en frases u oraciones en que debe ser repetida para mejor claridad del concepto. Así, la frase *Signos de interrogación y admiración* puede interpretarse como que se va a tratar de unos signos que son a un mismo tiempo de interrogación y de admiración, mientras que si escribimos *Signos de interrogación y de admiración,* queda mejor expresado que se tratará de unos signos que son de interrogación, y a más de otros que son de admiración.

En el ejemplo que sigue, la supresión de una *de* da lugar a equívoco: *Isabel conserva en una caja todas las cintas de las cajas de bombones y los ramos de flores.* Tal como está la oración, puede comprenderse que Isabel conserva en una caja las cintas de las cajas de bombones y, además, los ramos de flores, mientras que el autor quiso decir que Isabel conserva las cintas de las cajas de bombones y también las de los ramos de flores, lo cual habría quedado expresado sin equívoco con una *de* antes de *los ramos de flores.*

Suele suprimirse esta preposición en muchos casos en que es mejor usarla:
No he vacilado en tomar la palabra, convencido que... (hay que decir: *convencido de que*).
El botánico sabe más acerca la hoja que el artista (hay que poner: *acerca de*).
Pero la opinión que los germanos son dibujantes... (la opinión de que).
Si atendemos a la circunstancia que mostraban una profunda comprensión... (circunstancia de que).
La idea, tan generalmente admitida, que la creación artística... (la idea... de que).

Aún no estaba segura que él la amase (segura de que).
Le hizo cerrar tras sí la puerta del cuarto (tras de sí).
Le complaceré a fin que tenga un buen recuerdo de nosotros (a fin de que).
Las partidas han de ser comprendidas dentro la rúbrica de gastos generales (dígase: *dentro de*).

En cambio, se emplea esta preposición en casos en que no es aconsejable:
El barco debe ganar el combate, a menos de que su patrón cometa algún error inexplicable (en vez de: *...a menos que su patrón...*).
Intentaré hacerlo, con tal de que no me estorben (hay que decir: *con tal que*).
Aparte de esto, llegaba algún automóvil (dígase: *aparte esto*, o *esto aparte*).
La asamblea se dejaba llevar, las más de las veces, por mentes exaltadas (en vez de: *...las más veces...*).

A propósito de esta preposición, nótese que lo mismo que se dice Miranda de Ebro, Aranda de Duero, hay que decir: Francfort de Meno (no del Meno), Francfort de Oder (no del Oder), Stratford de Avon (no *on Avon*, o *del Avon*).

Bajo

Es galicismo o anglicismo decir: *Continuó buscando, bajo la excusa de hacer, de aquella búsqueda...* Dígase: *Continuó buscando, con la excusa de hacer*, etc.
Lo hizo bajo el pretexto de hallarse indispuesto, en vez de: *...con el pretexto...*
Lámpara protegida bajo globo de cristal, en vez de: *por un globo de cristal.*
Los pies derechos trabajarán a flexión bajo la acción de los jabalcones, en vez de: *...por la acción de...*
Sustancia conocida bajo el nombre de saran, en vez de: *con el nombre de saran.*
En vez de: *bajo circunstancias normales; bajo ciertas circunstancias; bajo este aspecto; bajo este punto de vista;* dígase: *en circunstancias normales; en ciertas circunstancias; en este aspecto; desde este punto de vista.*

En vez de: *La energía se puede liberar bajo la forma de calor*, dígase: *La energía se puede liberar en forma de calor*.

En

Es incorrecto poner la preposición *en* delante de *dondequiera*, porque este adverbio significa *en cualquier parte*. Así, decir *en dondequiera que esté* equivale a decir *en en cualquier parte que esté*.

Por y Para

En caso de anunciar un piso vacante, es preferible poner en el rótulo *Piso por alquilar* (o sea, *Piso sin alquilar*), porque la preposición *para* denota el destino que se da a una casa, y un piso fue construido *para* ser habitado y no *para* estar en espera de que alguien lo alquile.

Para expresa a veces comparación: *Para un norteamericano, no habla mal el castellano. Para un aficionado, no pinta mal.*

A veces expresa tiempo: *Para Pascua irá a casa de su tío.*

A veces se emplea *por* en vez de *durante*: *Estaremos en Madrid por dos días. Por la Semana Santa hay muchas procesiones en Andalucía.*

A veces *para* expresa estado: *Estamos para salir.* Téngase en cuenta la diferencia entre *estar para* (estar en condición de, estar preparado para, o estar a punto de) y *estar por* (estar a favor de); ejemplos: *Está por salir* (Está a favor de salir). *Está para marcharse* (Está preparado o a punto de marcharse).

Al expresar motivo o propósito, puede emplearse *por* o *para*, indistintamente: *Se sacrifica por (o para) su familia. No quiere fumar por (o para) no molestar.*

Verbos con distinta preposición

Cuando un mismo nombre es complemento de dos verbos que exijan distinta preposición, se pondrá aquél después del primer verbo, y después del segundo se representará mediante un pronombre con la preposición que le corresponda: *Nadie se atrevía a hablar y a inmiscuirse en los asuntos de aquel íntegro varón.* Lo correcto es: *Nadie se atrevía a hablar de los asuntos de aquel íntegro varón y a inmiscuirse en ellos.*

El señor maestro conocía y tenía amistad con todos los pastores de la comarca, en vez de: *El señor maestro conocía a todos los pastores de la comarca y tenía amistad con ellos.*

Preposiciones de índole distinta

Evítese el poner el mismo complemento a dos preposiciones de índole distinta: *Me propongo hacerlo, con o sin su consentimiento.* Dígase: *...con su consentimiento o sin él.*

El uso de los arcos de herradura no prueba que el baptisterio fuera construido durante o después de la invasión islámica. Dígase: *...durante la invasión islámica o después de ella.*

Los hielos se derriten en el agua que está debajo y en torno a ellos, en vez de: *...que está debajo de ellos y en su contorno.*

Empléese la preposición pertinente

Como son muy frecuentes los errores en el uso de las preposiciones es conveniente, al escribir, consultar la siguiente lista:[1]

Lista de palabras que se construyen con preposición

Abalanzarse *a* los peligros.
Abandonado *de, por* todos, *en* el vestir.
Abandonarse *a* la suerte — *en* manos de la suerte.
Abatirse *al* suelo — *con* dificultad — *de* espíritu — *en, por* los reveses.
Abocarse *con* alguno.
Abochornarse *de* algo — *por* alguno.
Abogar *por* alguno.

---

1. Esta lista figura en la gramática de la Real Academia Española. La reproducimos ampliada y con modificaciones que no alteran su sustancia, pero que completan las acepciones de algunas palabras.

Abordar (una nave) *a, con* otra.
Aborrecer *de* muerte.
Aborrecible *a* las gentes, *de por* sí.
Aborrecido *del, por* el pueblo.
Abrasarse *de* amor — *en* deseos.
Abrigado *de, contra* los vientos.
Abrigarse *bajo* techado — *con* ropa — *del* aguacero — *en* el portal.
Abrir (una lámina) *a* buril — *de* arriba abajo — *en* canal.
Abrirse *a, con* los amigos.
Absolver *del* cargo.
Abstenerse *de* lo vedado.
Abultado *de* facciones.
Abundar *de, en* riqueza.
Aburrirse *con, de, por* todo — *en* casa.
Abusar *de* la amistad.
Acabar *con* su hacienda — *de* venir — *en* bien — *por* negarse.
Acaecer (algo) *a* alguno — *en* tal tiempo.
Acalorarse *con, en, por* la disputa.
Acarrear *a* lomo — *en* ruedas — *por* agua.
Acceder *a* la petición.
Accesible *a* todos — *con, sin* papeleta.
Acendrarse (la virtud) *con, en* las pruebas.
Acepto *a* nobleza y plebe.
Acerca *de* lo dicho.
Acercarse *a* la villa.
Acertar *a, con* la casa — *en* el pronóstico.
Acoger *en* casa.
Acogerse *a, bajo* sagrado.
Acometido *de* un accidente — *por* la espalda.
Acomodarse *a, con* otro dictamen — *de* criado — *en* una casa.
Acompañar *a* palacio — *con, de* pruebas.

Acompañarse *con, de* buenos — *con* el piano.
Aconsejarse *con, de* sabios.
Acontecer *a* todos, *con* todos lo mismo.
Acordarse *con* los contrarios — *de* lo pasado.
Acortar *de* palabras.
Acosado *por* los perros — *del* hambre.
Acostumbrarse *a* los trabajos (también: acostumbra pasearse sólo los domingos).
Acre *de* condición — *al* gusto.
Acreditado *en, para* su oficio.
Acreditarse *con, para con* alguno — *de* necio.
Acreedor *a* la confianza — *del* Estado.
Actuar *en* los negocios.
Acudir *al, con* el remedio.
Acusar (a alguno) *ante* el juez — *de* un delito.
Acusarse *de* las culpas.
Adaptar, o adaptarse, *al* uso.
Adecuado *al* asunto.
Adelantar *en* la carrera.
Adelantarse *a* otros — *en* algo.
Además *de* lo referido.
Adepto *a* la secta.
Adestrarse, o adiestrarse, *a* esgrimir — *en* la lucha. Adiestrar *al* bocado.
Adherir, o adherirse, *a* un dictamen.
Adiestrar. Ver Adestrarse.
Admirarse *de* un suceso.
Admitir *en* cuenta.
Adolecer *de* alguna enfermedad.
Adoptar *por* hijo.
Adorar *a* Dios — *en* sus hijos.
Adornar *con, de* tapices.
Adyacente *a* la orilla.
Afable *con, para, para con* todos — *en* el trato.
Afanarse *en* la labor — *por* ganar.

Afecto *al* ministro — *de* un achaque.
Aferrarse *a, con, en* su opinión.
Afianzar *con* sus bienes — *de* calumnia.
Afianzarse *en, sobre* los estribos.
Aficionarse *a, de* alguna cosa.
Afilar *en* la piedra — *con* la navaja.
Afirmarse *en* lo dicho.
Afligido *de, con, por* lo que veía.
Aflojar *en* el estudio.
Afluente *en* palabras.
Aforrar *con, de, en* piel.
Afrentar *con* denuestos.
Afrentarse *de* su estado.
Agarrar *de, por* las orejas.
Agarrarse *a, de* un hierro.
Ágil *de* pies.
Agobiarse *con, de, por* los años.
Agraciar *con* una gran cruz.
Agradable *al, para* el gusto — *con, para, para con* todos — *de* gusto — *por, en* su trato.
Agradecido *a* los beneficios — *por* los favores.
Agraviarse *de* alguno — *por* una chanza.
Agregado *de* cosas, *a* la embajada.
Agregarse *a, con* otros.
Agrio *al* gusto — *de* gusto.
Aguardar *a* otro día — *en* casa.
Agudo *de* ingenio — *en* sus ocurrencias.
Aguerrido *en* combates.
Ahitarse *de* manjares.
Ahogarse *de* calor — *en* poca agua.
Ahorcajarse *en* los hombros de alguno.
Ahorcarse *de* un árbol.
Ahorrar *de* razones — no ahorrarse, o no ahorrárselas, *con* nadie.
Airarse *con, contra* alguno — *de, por* lo que se oye.

Ajeno *a* su carácter — *de* verdad; estar (uno) ajeno *de* algo.
Ajustarse *a* la razón — *con* el amo — *en* sus costumbres.
Alabar *de* discreto — (algo) *en* otro.
Alabarse *de* valiente.
Alargarse *a, hasta* la ciudad.
Alcanzado *de* recursos.
Alcanzar *al* techo — *con* porfías — *del* rey — *en* días — *para* tanto.
Alegar *de* bien probado — *en* defensa.
Alegrarse *con, de, por* algo.
Alegre *de* cascos.
Alejarse *de* su tierra.
Alentar *con* la esperanza.
Aliciente *a, de, para* las grandes acciones.
Alimentarse *con, de* hierbas.
Alindar (una heredad) *con* otra.
Alistarse *en* un cuerpo — *por* socio.
Aliviar *del, en* el trabajo.
Alternar *con* los sabios — *en* el servicio — *entre* unos y otros.
Alto *de* cuerpo.
Alucinarse *con* sofismas — *en* el examen.
Alzarse *a* mayores — *con* el reino — *en* rebelión.
Allanar *hasta* el suelo.
Allanarse *a* lo justo.
Amable *a, con, para, para con* todos — *de* genio — *en* el trato.
Amante *de* la paz.
Amañarse *a* escribir — *con* cualquiera.
Amar *de* corazón.
Amargo *al* gusto — *de* sabor — *de por* sí.
Amarrar *a* un tronco.
A más *de* lo preceptuado.
Ambos *a* dos.
Amén *de* lo dicho.

Amenazar (a alguien) *al* pecho — *con* la espada — *de* muerte.
Ameno *a* la vista.
Amoroso *con, para, para con* los suyos.
Amparar (a uno) *de* la persecución — *en* la posesión.
Ampararse *con, de* algo — *contra* el viento.
Amueblar *con* lujo — *de* nuevo.
Análogo *al* caso.
Ancho *de* hombros.
Andar *a* gatas — *con* el tiempo — *de* capa — *en* pleitos — *entre* mala gente — *por* conseguir algo — *sobre* un volcán — *tras* un negocio.
Andarse *en* flores — *por* las ramas.
Andrajoso *de, en* el traje.
Anegar *en* sangre.
Anhelar *a* más — *por* mayor fortuna.
Animado *de* genio, *del* mejor deseo.
Animar *al* certamen.
Animoso *en, para* emprender.
Ansioso *del* triunfo — *por* la comida.
Anteponer (la obligación) *al* gusto.
Anterior *a* tal fecha.
Antipático *a* la causa, *por* naturaleza.
Añadir *a* lo expuesto.
Apacentarse *con, de* memorias.
Aparar *en, con* la mano.
Aparecerse *a* alguno — *en* casa — *entre* sueños.
Aparejarse *al, para* el trabajo.
Apartar *de* sí.
Apartarse *a* un lado — *de* la ocasión.
Apasionarse *de, por* alguno.
Apearse *a, para* merendar — *de* la mula — *por* las orejas.
Apechugar *con* todo.
Apegarse *a* alguna cosa.
Apelar *a* otro medio — *de* la sentencia — *para ante* el Tribunal superior.
Apercibirse *a, para* la batalla — *contra* el enemigo — *de* armas.
Apesadumbrarse *con, de* la noticia — *por* niñerías.
A pesar *de* lo que dicen.
Apetecible *al* gusto — *para* los muchachos.
Apiadarse *de* los pobres.
Aplazado *para* enero.
Aplicarse *a* los estudios.
Apoderarse *de* la hacienda.
Aportar *a* Barcelona.
Apostar *a* correr.
Apostárselas *con* fulano.
Apostatar *de* la fe.
Apoyar *con* citas — *en* autoridades.
Apreciar *en* mucho — *por* sus prendas.
Aprender *a* escribir — *con* fulano — *de* fulano — *por* principios.
Apresurarse *a* venir — *en* la réplica — *por* llegar a tiempo.
Apretar *a* correr — *con* las manos — *entre* los brazos.
Aprobado *de* cirujano — *por* mayoría — *en* Física.
Aprobar *en* alguna Facultad al estudiante.
Apropiar *a* su idea — *para* sí.
Apropincuarse *a* alguna parte.
Aprovechar *en* el estudio.
Aprovecharse *de* la ocasión.
Aproximarse *al* altar.
Apto *para* el empleo.
Apurado *de* medios.
Apurarse *en* los contratiempos — *por* poco.
¡Aquí *de* los míos! — *para entre* los dos.
Aquietarse *con* la explicación.
Arder, o arderse, *de* cólera — *en* deseos.
Argüir *de* falso — (ignorancia) *en* una persona.

Armar *con* lanza — *de* carabina — *en* corso.
Armarse *de* paciencia.
Arraigarse *en* Castilla.
Arrancar (la broza) *al, del* suelo — *de* raíz.
Arrasarse (los ojos) *de* lágrimas.
Arrastrar *en* su caída — *por* tierra.
Arrebatar *de, de entre* las manos.
Arrebatarse *de* ira.
Arrebozarse *con, en* la capa.
Arrecirse *de* frío.
Arreglado *a* las leyes — *en* la conducta.
Arreglarse *a* la razón — *con* el acreedor.
Arregostarse *a* los bledos.
Arremeter *al, con, contra, para* el enemigo.
Arrepentirse *de* sus culpas.
Arrestarse *a* todo.
Arribar *a* Cádiz.
Arriesgarse *a* salir — *en* la empresa.
Arrimarse *a* la pared.
Arrinconarse *en* casa.
Arrojado *de* carácter.
Arrojar *de* sí.
Arrojarse *a* pelear — *de, por* la ventana — *al, en* el estanque.
Arroparse *con* la manta.
Arrostrar *con, por* los peligros (también *arrostrar los peligros* [sin preposición]).
Asar *a* la lumbre — *en* la parrilla.
Asarse *de* calor.
Ascender *a* otro empleo — *en* la carrera — *por* los aires.
Asegurar *contra* el granizo — *de* incendios.
Asegurarse *de* la verdad.
Asentir *a* un dictamen.
Asesorarse *con, de* letrados.
Asiduo *en* consultar.

Asimilar (una cosa) *a* otra.
Asir *de* la ropa — *por* los cabellos.
Asirse *a* las ramas — *con* el contrario.
Asistir *a* los enfermos — *de* oyente — *en* tal caso — *a* conferencias.
Asociarse *a, con* otro.
Asomarse *a, por* la ventana.
Asombrarse *con* el, *del* suceso.
Asparse *a* gritos — *por* alguna cosa.
Áspero *al, para* el gusto — *con* los inferiores — *de* condición — *en* las palabras.
Aspirar *a* mandar, *a* mejor situación.
Asqueroso *a* la vista — *de* ver — *en* su aspecto.
Asustarse *de, con, por* un ruido.
Atar (el caballo) *a* un tronco — *con* cuerdas — *de* pies y manos — *por* la cintura.
Atarearse *a* escribir — *con, en* los negocios.
Atarse *a* una sola opinión — *en* las dificultades.
Atascarse *en* el barro.
Ataviarse *con, de* lo ajeno.
Atemorizarse *de, por* algo.
Atender *a* la conversación.
Atenerse *a* lo seguro.
Atentar *a* la vida — *contra* la propiedad.
Atento *a* la explicación — *con* los mayores.
Atestiguar *con* otro — *de* oídas.
Atinar *al* blanco — *con* la casa.
Atollarse *en* el lodo.
Atónito *con, de, por* la desgracia.
Atracarse *de* higos.
Atraer *a* su bando — *con* promesas.
Atragantarse *con* una espina.
Atrancarse *en* el vado.
Atrasado *de* noticias — *en* el estudio.

— 70 —

Atravesado *de* dolor — *por* una bala.
Atravesarse *en* el camino.
Atreverse *a* cosas grandes — *con* todos.
Atribuir *a* otro.
Atribularse *con, en, por* los trabajos.
Atrincherarse *con* una tapia — *en* un repecho.
Atropellar *con, por* todo.
Atropellarse *en* las acciones.
Atufarse *con, de, por* poco.
Aunarse *con* otro.
Ausentarse *de* Madrid.
Autorizar *con* su firma — *para* algún acto.
Avanzado *de, en* edad.
Avanzar *a, hacia, hasta* las líneas enemigas.
Avaro *de* su caudal.
Avecindarse *en* algún pueblo.
Avenirse *a* todo — *con* cualquiera.
Aventajarse *a* otros — *en* algo.
Avergonzarse *a* pedir — *de* pedir — *por* sus acciones.
Averiguarse *con* alguno.
Avezarse *a* la vagancia.
Aviarse *de* ropa — *para* salir.
Avocar (alguna cosa) *a* sí.
¡Ay *de* mí — *de* los vencidos!
Ayudar *a* vencer — *en* un apuro.

Bailar *a* compás — *con* Juana — *por* alto.
Bajar *a* la cueva — *de* la torre — *hacia* el valle — *por* la escalera.
Bajo *de* cuerpo — *en* su estilo.
Balancear *en* la duda.
Balar (las ovejas) *de* hambre.
Baldarse *con* la humedad — *de* un lado.
Bambolearse *en* la maroma.
Bañar (un papel) *con, de, en* lágrimas.
Barajar *con* el vecino.

Barbear *con* la pared.
Basta *con* eso — *de* bulla — *para* chanza (pero, *Basta el verte para...*).
Bastar *a, para* enriquecerse.
Bastardear *de* su naturaleza — *en* sus acciones.
Batallar *con* los enemigos.
Beber *a* (otro) los pensamientos — *a* la, *por* la salud — *de, en* una fuente.
Benéfico *a, para* la salud — *con* sus contrarios.
Benemérito *de* la patria.
Besar *en* la frente.
Blanco *de* tez.
Blando *al* tacto — *de* carácter.
Blasfemar *contra* Dios — *de* la virtud.
Blasonar *de* valiente.
Bordar (algo) *al* tambor — *con, de* plata — *en* cañamazo.
Borracho *de* aguardiente.
Borrar *de* la matrícula.
Bostezar *de* hastío.
Boyante *en* la fortuna.
Bramar *de* furor.
Brear *a* golpes.
Bregar *con* alguno.
Breve *de* contar — *en* los razonamientos.
Brindar *a* la salud de alguno — *con* regalos — *por* el amigo ausente.
Bronco *de* genio.
Brotar *de, en* un peñascal.
Bueno *de, para* comer — *de por* sí — *en* sí.
Bufar *de* ira.
Bullir *en, por* los corrillos.
Burilar *en* cobre.
Burlar *a* alguno.
Burlarse *de* algo.
Buscar (el flanco) *al* enemigo — *por* donde salir.

Cabalgar *a* mujeriegas — *en* mula.

— 71 —

Caballero *en* su porte — *sobre* un asno.
Caber *de* pies — *en* la mano.
Caer *a, hacia* tal parte — *con* otro — *de* lo alto — *en* tierra — *por* Pascua — *sobre* los enemigos.
Caerse *a* pedazos — *de* viejo.
Calado *por* el agua — *hasta* los huesos.
Calar *a* fondo.
Calarse *de* agua.
Calentarse *a* la lumbre — *con* el ejercicio — *en* el juego.
Caliente *de* cascos — (el caldo) *para* bebido.
Calificar *de* docto.
Calzarse *con* la prebenda.
Callar (la verdad) *a* otro — *de, por* miedo.
Cambiar (alguna cosa) *con, por* otra — (una peseta) *en* calderilla.
Cambiarse (la risa) *en* llanto.
Caminar *a, para* Sevilla — *de* concierto.
Campar *por* sus respetos.
Cansarse *con* el, *del* trabajo.
Cantar *a* libro abierto — *de* plano — *en* el bosque.
Capaz *de* cien arrobas — *para* el cargo.
Capitular *con* el enemigo — (a alguno) *de* malversación.
Carecer *de* medios.
Cargado *de* espaldas.
Cargar *a* flete — *a, en* hombros — *con* todo — *de* trigo — *sobre* él.
Cargarse *de* razón.
Caritativo *con, para, para con* los pobres.
Casar (una cosa) *con* otra — *en* segundas nupcias.
Casarse *con* su prima — *por* poderes.
Castigado *de, por* su temeridad.
Catequizar (a alguno) *para* fin particular.
Cautivar (a alguno) *con* beneficios.
Cazcalear *de* una parte *a* otra — *por* las calles.
Cebar *con* bellotas.
Cebarse *en* la matanza.
Ceder *a* los impulsos — *de* su derecho — *en* honra de alguno.
Cegarse *de* cólera.
Censurar (algo) *a, en* alguno.
Ceñir *con, de* flores — *en* lauro (poético).
Ceñirse *a* lo justo.
Cerca *de* la villa.
Cercano *a* su fin.
Cerciorarse *de* un suceso.
Cerrado *de* mollera.
Cerrar *a* piedra y lodo — *con, contra* el enemigo (pero: Cerrar las filas).
Cerrarse *de* campiña — *en* callar.
Cesar *de* correr — *en* su empleo.
Ciego *con* los celos — *de* ira.
Cierto *de* su razón.
Cifrar (su dicha) *en* la virtud.
Circunscribirse *a* una cosa.
Clavar *a, en* la pared.
Cobrar *de* los deudores — *en* papel.
Cocer *a* la, *con* lumbre.
Codicioso *de* dinero.
Coetáneo *de* César.
Coexistir *con* Homero.
Coger *a* mano — *con* el hurto — *de* buen humor — *de, por* la mano — *entre* puertas.
Cojear *del* pie derecho.
Cojo *de* nacimiento.
Colegir *de, por* los antecedentes.
Colgar *de* un clavo — *en* la percha.
Coligarse *con* algunos.
Colmar *de* mercedes.

Colocar *con, en, por* orden — *entre* dos cosas.
Combatir *con, contra* el enemigo.
Combinar (una cosa) *con* otra.
Comedirse *en* las palabras.
Comenzar *a* decir — *por* reñir.
Comer *a* dos carrillos — (pan) *a* manteles — *de* todo — *de* vigilia — *por* cuatro.
Comerciar *con* su crédito — *en* granos — *por* mayor.
Comerse *de* envidia.
Compadecerse (una cosa) *con* otra — *del* infeliz.
Compañero *de, en* las fatigas.
Comparación *entre* una cosa y otra — *de* una cosa *con* otra.
Comparar (un objeto) *a, con* otro.
Compartir (las penas) *con* otro — (la fruta) *en* dos cestas — *entre* varios.
Compatible *con* la justicia.
Compeler (a otro) *al* pago.
Compensar (una cosa) *con* otra.
Competir *con* alguno.
Complacerse *con* la noticia — *de, en* alguna cosa.
Cómplice *con* otros — *de* otro — *en* el delito.
Componerse *con* los deudores — *de* bueno y malo.
Comprar (algo) *al* fiado — *del* comerciante — *por* libras.
Comprensible *al* entendimiento — *para* todos.
Comprobar *con* fechas — *de* cierto.
Comprometer *a* otro — *en* jueces árbitros.
Comprometerse *a* pagar — *con* alguno — *en* una empresa.
Comulgar (a otro) *con* ruedas de molino.
Común *a* todos — *de* dos.
Comunicar (uno) *con* otro.

Comunicarse (dos lagos) *entre* sí — *por* señas.
Concentrar (el poder) *en* una mano.
Conceptuado *de* inteligente.
Concertar (uno) *con* otro — *en* género y número — (las paces) *entre* dos contrarios.
Concluir *con* algo — (a uno) *de* ignorante — *en* vocal.
Concordar (la copia) *con* el original.
Concurrir *a* algún fin — *a* un lugar — *con* otros — *en* un dictamen.
Condecorado *con* cruces.
Condenar (a uno) *a* galeras — *con, en* costas.
Condescender *a* los ruegos — *con* la instancia — *en* reiterarse.
Condolerse *de* los trabajos.
Conducir (una cosa) *al* bien de otro — *en* carreta — *por* mar.
Conectar *a* una línea.
Confabularse *con* los contrarios.
Confederarse *con* alguno.
Conferir (un negocio) *con, entre* amigos.
Confesar (el delito) *al* juez.
Confiar *de, en* alguno.
Confinar (a alguno) *a, en* tal parte — (España *con* Francia).
Confirmar (al orador) *de* docto — *en* la fe — *por* sabio.
Confirmarse *en* su dictamen.
Conformar (su opinión) *a, con* la ajena.
Conformarse *al, con* el tiempo.
Conforme *a, con* su opinión — (con otro) *en* un parecer.
Confrontar (un texto) *con* otro.
Confundirse *de* lo que se ve — (una cosa) *con* otra — *en* sus juicios.
Congeniar *con* alguno.
Congraciarse *con* otro.

— 73 —

Congratularse *con* los suyos — *de, por* alguna cosa.
Conjeturar (algo) *de, por* los indicios.
Conmutar (una cosa) *con, por* otra — (una pena) *en* otra.
Conocer *a* otro — *de* vista — *de, en* tal asunto — *por* su fama.
Consentir *con* los caprichos — *en* algo.
Conservarse *con, en* salud — *en* su retiro.
Considerar (una cuestión) *en* todos sus aspectos — *por* todos lados.
Consistir *en* una friolera.
Consolar (a uno) *de* un trabajo — *en* su aflicción.
Conspirar *a* un fin — *con* otros — *contra* alguno — *en* un intento.
Constante *en* la adversidad.
Constar (el todo) *de* partes — *de, en* los autos — *por* escrito.
Constituido *en* dignidad — (un censo) *sobre* una dehesa.
Consultar *con* letrados — (a alguno) *para* un empleo.
Consumado *en* una Facultad.
Consumirse *a* fuego lento — *con* la fiebre — *de* fastidio — *en* meditaciones.
Contagiarse *con, del, por* el roce.
Contar (algo) *al* vecino — *con* sus fuerzas — *por* verdadero.
Contemplar *en* Dios.
Contemporizar *con* alguno.
Contender *con* alguno — *en* hidalguía — *por* las armas — *sobre* alguna cosa.
Contenerse *en* sus deseos.
Contentarse *con* su suerte — *del* parecer.
Contestar *a* la pregunta — *con* el declarante.
Contiguo *al* jardín.

Continuar *en* su puesto — *con* salud — *por* buen camino.
Contra (Estar en) *de* alguno.
Contraer (algo) *a* un asunto — (amistad) *con* alguno.
Contraponer (una cosa) *a, con* otra.
Contrapuntarse *con* alguno — *de* palabras.
Contrario *a, de* muchos — *en* ideas.
Contravenir *a* la ley.
Contribuir *a, para* tal cosa — *con* dinero.
Convalecer *de* la enfermedad.
Convencerse *con* las razones — *de* la razón.
Convenir (una cosa) *al* enfermo — *con* otro — *en* alguna cosa.
Convenirse *a, con, en* lo propuesto.
Conversar *con* alguno — *en, sobre* materias fútiles.
Convertir (la cuestión) *a* otro objeto — (el papel) *en* dinero.
Convidar (a alguno) *a* comer — *con* un billete — *para* el baile.
Convidarse *a, para* la fiesta.
Convocar *a* junta.
Cooperar *a* alguna cosa — *con* otro.
Copiar *a* plana y renglón — *del* original.
Coronar *con, de* flores.
Corregirse *de* una falta.
Correr *a* caballo — *con* los gastos — *en* busca de uno — *por* mal camino — *por* cuenta de — (un velo) *sobre* lo pasado.
Correrse *de* vergüenza — *por* una culpa.
Corresponder *a* los beneficios — *con* el bienhechor.
Corresponderse *con* un amigo — *con* agradecimiento.
Cortar *de* vestir — *por* lo sano.
Corto *de* genio — *en* dar.

Coser *a* puñaladas — *para* el corte.
Coserse (unos) *a, con* otros.
Cotejar (la copia) *con* el original.
Crecer *en* virtudes.
Crecido *de* cuerpo — *en* bienes.
Creer (tal cosa) *de* otro — *de* su obligación — *en* Dios — (a uno) *por, sobre* su dicho.
Creerse *de* habladurías.
Criar *a* los pechos — *con* solicitud — *en* el santo temor *de* Dios.
Criarse *en* buenos pañales — *para* las armas.
Cristalizar, o cristalizarse, *en* prismas.
Cruel *con, para, para con* su esposa — *de* condición.
Cruzar *por* enfrente.
Cruzarse *de* caballero — *de* brazos — *de* palabras.
Cuadrar (algo) *a* una persona — (lo uno) *con* lo otro.
Cubrir, o cubrirse, *con, de* ropa — *de* grande.
Cucharetear *en* todo.
¡Cuenta *con* lo que dices!
¡Cuidado *conmigo!*
Cuidadoso *con, para con* un enfermo — *del, por* el resultado.
Cuidar *de* alguno.
Culpar (a uno) *de* omiso — *en* uno lo que se disculpa *en* otro — (a otro) *por* lo que hace.
Cumplir (la promesa) *a* uno — *a* Juan hacer un esfuerzo — *con* alguno — *con* su obligación — *por* su padre.
Curar (cecina) *al* humo.
Curarse *con* baños — *de* una enfermedad — *de* lo menos importante — *en* salud.
Curioso *de* noticias — *por* saber.
Curtirse *al, con* el, *del* aire — *en* los trabajos.

Chancearse *con* uno.
Chapuzar *en* el río.
Chico *de* cuerpo.
Chocar *a* los presentes — *con* los vecinos — (los vecinos) *entre* sí.
Chochear *con, por* la vejez — *de* viejo.

Dañar (a alguien) *en* la honra.
Dañarse *del* pecho.
Dar (algo) *a* cualquiera — *con* la carga en el suelo — (golpes) *con* un martillo — *con* quien lo entiende — *contra* un poste — *de* palos — (a la madera) *de* blanco — *de* baja — *de* sí — *en* manías — *en* ello (comprenderlo, adivinarlo) — *por* visto — *sobre* el más flaco — *a* la calle (la ventana da *a* la calle).
Darse *a* estudiar — *a* entender — *contra* la pared — *de* cachetes — *por* orden o aviso (alguna cosa) — *por* vencido.
Debajo *de* la mesa.
Deber (dinero) *a* alguno — *de* justicia — *de* venir.
Decaer *de* su prosperidad — *en* fuerzas.
Decidir *de* todo — *en* un pleito — *sobre* un punto.
Decidirse *a* viajar — *en* favor de — *por* un sistema.
Decir (algo) *a* otro — (bien) *con* una cosa — *de* alguno — *de* memoria — *en* conciencia — *para* sí — (una cosa) *por* otra.
Declarar *en* la causa — (a uno) *por* enemigo — *sobre* el caso.
Declararse *con* alguno — *por* un partido.
Declinar *a, hacia* un lado — *de* allí — *en* bajeza.
Dedicar (tiempo) *al* estudio.
Dedicarse *a* la Medicina.
Deducir *de, por* lo dicho.

— 75 —

Defender (la verdad) *con* buenas pruebas — *contra* el impostor — (a uno) *de* sus contrarios — *por* pobre.
Deferir *al* parecer de otro.
Defraudar (algo) *al, del* depósito — *en* las esperanzas.
Degenerar *de* su estirpe — *en* monstruo.
Dejar *con* la boca abierta — *de* escribir — (algo) *en* manos de — *para* mañana — (a alguien) *por* loco — *por* hacer.
Dejarse *de* rodeos.
Delante *de* alguno.
Delatar (un crimen), o delatarse, *al* juez.
Deleitarse *con* la vista — *de, en* oír.
Deliberar *en* junta — *entre* amigos — *sobre* tal cosa.
Delirar *en* poesía — *por* la música.
Demandar *ante* el juez — *de* calumnia — *en* juicio.
Demás *de* esto.
Dentro *de* casa.
Departir *con* el compañero — *de, sobre* la guerra.
Depender *de* alguno.
Deponer *contra* el acusado — (a alguno) *de* su cargo — *en* juicio.
Depositar *en* el Banco.
Depresivo *a, de* la nobleza.
Derivar, o derivarse, *de* grave autoridad.
Derramar, o derramarse, *al, en, por* el suelo.
Derribar *al* valle — *de* la cumbre — *en, por* tierra.
Derrocar *al* suelo — *de* la cumbre — *en, por* tierra.
Desabrirse *con* alguno.
Desacreditar, o desacreditarse, *con, para, para con* los sabios — *en* su profesión — *entre* compañeros.

Desagradable *al* gusto — *con, para, para con* las gentes.
Desagradecido *al* beneficio — *con, para con* su bienhechor.
Desaguar, o desaguarse (un pantano), *por* las esclusas.
Desahogarse (con alguno) *de* su pena — *en* denuestos.
Desalojar *del* puesto.
Desapoderado *en* su ambición.
Desapoderar *de* la herencia.
Desapropiar, o desapropiarse, *de* algo.
Desarraigar *del* suelo.
Desasirse *de* malos hábitos.
Desatarse *de* todos los vínculos — *en* improperios.
Desavenirse *con* alguno — *de* otros — (dos) *entre* sí.
Desayunarse *con* chocolate — *de* alguna noticia.
Desbordarse (el río) *en* la arena — *por* los campos.
Descabalarse *con, en, por* alguna cosa.
Descabezarse *con, en* una dificultad.
Descalabrar *a* pedradas — *con* un guijarro.
Descansar *de* la fatiga — (el amo) *en* el criado — *sobre* las armas.
Descararse *a* pedir — *con* el jefe.
Descargar *en, contra, sobre* el inocente.
Descargarse *con* el ausente — *de* alguna cosa.
Descartarse *de* un compromiso.
Descender *al* valle — *de* buen linaje — *en* el favor — *por* grados.
Descolgarse *al* jardín — *con* una noticia — *de, por* la pared.
Descollar *en* ingenio — *entre, sobre* otros.
Descomponerse *con* alguno — *en* palabras.
Desconfiar *de* alguno.

Desconocido *a* los beneficios — *de* sus paisanos — *para* todos.
Descontar *de* una cantidad.
Descontento *con* su suerte — *de* sí mismo.
Descubrirse *a, con* alguno — *por* respeto.
Descuidarse *de, en* su obligación.
Desdecir *de* su carácter.
Desdecirse *de* su promesa.
Desdeñarse *de* alguna cosa.
¡Desdichado *de* mí, *de* ti, *del* que nace con mala estrella! — *en* elegir — *para* gobernar.
Desechar *del* pensamiento.
Desembarazarse *de* estorbos.
Desembarcar *de* la nave — *en* el puerto.
Desembocar *en* el mar.
Desemejante *de* los otros.
Desempeñar *de* sus deudas.
Desenfrenarse *en* los apetitos.
Desengañarse *de* ilusiones.
Desenredarse *del* lazo.
Desenterrar *del* polvo, *de entre* el polvo.
Deseoso *del* bien público.
Desertar *al* campo contrario — *de* sus banderas.
Desesperar *de* la pretensión.
Desfallecer *de* ánimo.
Desfogar (la cólera) *en* alguno.
Deshacerse *de* alguna prenda — *en* llanto.
Desimpresionarse *de* una idea.
Desistir *del* intento.
Desleal *a* su rey — *con* su amada.
Deleír *en* agua.
Deslizarse *al, en* el vicio — *por* la pendiente.
Desmentir *a* uno — (una cosa) *de* otra.
Desnudarse *de* los afectos de la sangre.
Desorden *en* la administración.
Despedirse *de* los amigos.

Despegarse *del* mundo.
Despeñarse *al, en* el mar — *de* un vicio *en* otro — *por* la cuesta.
Despertar *al* que duerme — *del* sueño.
Despicarse *de* la ofensa.
Despoblarse *de* gente.
Despojar, o despojarse, *de* la ropa.
Desposarse *con* soltera — *por* poderes.
Desposeer *de* alguna cosa.
Desprenderse *de* algo.
Desprevenido *de* medios.
Después *de* cenar — *de* llegar (pero, *después que llegue*).
Despuntar *de* ingenioso — *en* la sátira — *por* la pintura.
Desquitarse *de* la pérdida.
Desternillarse *de* risa.
Desterrar (a uno) *a* una isla — *de* su patria.
Destinar *a* la Iglesia — (un regalo) *para* la señora.
Destituir *de* un cargo.
Desvergonzarse *con* alguno.
Desviarse *del* camino.
Desvivirse *por* algo.
Detenerse *a* comer — *con, en* los obstáculos.
Determinarse *a* partir — *en* favor de uno.
Detestar *de* la mentira.
Detrás *de* la cerca.
Deudor *a, de* la Hacienda — *en, por* muchos miles.
Devoto *de* su santo.
Dichoso *con* su suerte — *en* su estado.
Diestro *en* razonar — *en* la esgrima.
Diferenciarse (uno) *de* otro — *en* el habla.
Diferir (algo) *a, para* otro tiempo — *de* hoy *a* mañana — *de* Juan — *en* opiniones — *entre* sí.
Difícil *de* explicar.

— 77 —

Dignarse *de* otorgar licencia.
Dilatar (un asunto) *a, para* otra ocasión — *de* mes *en* mes — *hasta* mañana.
Dilatarse *en* argumentos.
Diligente *en* su oficio — *para* cobrar.
Diluir *en* agua.
Dimanar (una cosa) *de* otra.
Diputado *a, en* Cortes.
Diputar *para* un objeto.
Dirigir *a, hacia* Sevilla — (a otro) *en* una empresa — *para* un fin — *por* un atajo.
Discernir (una cosa) *de* otra.
Discordar *del* maestro — *en* pareceres — *sobre* Filosofía.
Discrepar (un peso de otro) *en* onzas.
Disculpar *al* discípulo — *con* el catedrático.
Disculparse *con* alguien — *de* una distracción.
Discurrir *de* un punto *a* otro — *en* varias materias — *sobre* artes.
Disentir *de* los otros — *en* política.
Disfrazar *con* buenas apariencias.
Disfrazarse *de* moro — *con, en* traje humilde.
Disfrutar *de* buena renta.
Disgustarse *con, de* alguna cosa — *por* causas frívolas.
Disimular *con* otro.
Disolver *con* agua fuerte — *en* espíritu de vino.
Dispensar *de* asistir.
Disponer *a* bien morir — *de* los bienes — *en* hileras — *por* secciones.
Disponerse *a, para* caminar.
Disputar *con* su hermano — *de, por, sobre* alguna cosa.
Distar (un pueblo) *de* otro.
Distinguir (una cosa) *de* otra.
Distinguirse *de* sus compañeros — *en* las letras — *entre* todos — *por* único.
Distraerse *a* diferente materia — *con, por* el ruido — *de, en* la conversación.
Distribuir *en* porciones — *entre* los necesitados.
Disuadir *de* pleitear.
Diverso *de* los demás — *en* carácter.
Divertir (la atención) *de* un objeto.
Dividir *con, entre* muchos — (una cosa) *de* otra — *en* partes — *por* mitad.
Divorciarse *de* su consorte.
Doblar *a* palos — *de* un golpe — *por* un difunto.
Doble *de* la medida.
Dócil *al* mandato — *de* condición — *para* aprender.
Docto *en* Medicina.
Dolerse *con* un amigo — *de* los trabajos de otro.
Dormir *a* pierna suelta — *con* el niño — *en* paz — *sobre* ello.
Dotado *de* ciencia.
Dotar (a una hija) *con* bienes raíces — *en* medio millón.
Ducho *en* negocios.
Dudar *de* alguna cosa — *en* salir — *entre* el sí y el no.
Dulce *al* gusto — *de, en* el trato — *para* tratado.
Durar *en* el mismo estado — *por* mucho tiempo.
Duro *con* sus inferiores — *de* cabeza — *en* sus modales.

Echar (alguna cosa) *a, en, por* tierra — *de* casa — *de* sí — *de* ver — *sobre* sí la carga.
Echar mano *a* o *de* una persona o cosa.
Educar *en* los buenos principios.
Ejercitarse *en* las armas.

Elevarse *de* la tierra — *en* éxtasis — *por* los aires — *sobre* el vulgo.
Embadurnar *de* almazarrón.
Embarazada *de* seis meses.
Embarazarse *con* la ropa.
Embarcarse *de* pasajero — *para* América.
Embebecerse *en* mirar una cosa bella.
Embeberse *del* espíritu de Platón — *en* la Poética del Pinciano.
Embelesarse *con* un niño — *en* oír.
Embestir *con, contra* la fiera.
Embobarse *con, de, en* algo.
Embozarse *con* la capa — *en* el manto.
Embravecerse *con, contra* el débil.
Embriagarse *con* ponche — *de* júbilo.
Embutir *de* algodón — (una cosa) *en* otra.
Empalagarse *de* todo.
Empalmar (un madero) *con, en* otro.
Empapar *de, en* esencias.
Empaparse *en* la moral cristiana.
Emparejar *con* la venta.
Emparentar *con* buena gente.
Empeñarse *con, por* alguno — *en* una cosa — *en* mil duros.
Empezar *a* brotar — *con* bien — *en* malos términos — *por* lo difícil.
Emplearse *en* alguna cosa.
Empotrar *en* el muro.
Emprender *con* cuanto se presenta — (alguna obra) *por* sí solo.
Empujar *a, hacia, hasta* un abismo — *contra* la pared.
Emular *con* alguno.
Émulo *de* Garcilaso — *en* inspiración.

Enajenarse *de* alguna cosa.
Enamorarse *de* alguien.
Enamoricarse *de* Manuela.
Encajar (la puerta) *con, en* el cerco.
Encajarse *en* la reunión.
Encallar (la nave) *en* arena.
Encaminarse *a* alguna parte.
Encanecer *en* los trabajos.
Encapricharse *con, en* un tema.
Encaramarse *al* tejado — *en* un árbol.
Encararse *a, con* alguno.
Encargarse *de* algún negocio.
Encarnizarse *con, en* los fugitivos.
Encenagarse *en* vicios.
Encenderse *en* ira.
Enconarse *con* alguno — *en* acusarle.
Encontrar *con* un obstáculo.
Encuadernar *a* la rústica — *de* fino — *en* pasta.
Encumbrarse *a, hasta* el cielo — *sobre* sus conciudadanos.
Encharcarse *en* vicios.
Endurecerse *al* trabajo — *con, en, por* el ejercicio.
Enemistar *a* uno *con* otro.
Enfermo *con* calentura — *del* hígado — *de* peligro.
Enfrascarse *en* la plática.
Enfurecerse *con, contra* alguno — *de* ver injusticias — *por* todo.
Engalanarse *con* plumas ajenas.
Engañarse *con, por* las apariencias — *en* la cuenta.
Engastar *con* perlas — *en* oro.
Engolfarse *en* cosas graves.
Engolosinarse *con* algo.
Engreírse *con, de* su fortuna.
Enjugar (ropa) *a* la lumbre.
Enlazar (una cosa) *a, con* otra.
Enmendarse *con, por* el aviso — *de* una falta.
Enojarse *con, contra* el malo — *de* lo que se dice.
Enojoso *al, en* hablar.

Enredarse (una cosa) *a, con, en* otra — *de* palabras — *entre* zarzas.
Enriquecer, o enriquecerse, *con* dádivas — *de* virtudes.
Ensangrentarse *con, contra* uno.
Ensayarse *a* cantar — *en* la declamación — *para* hablar en público.
Enseñar *a* leer — *por* buen autor.
Entender *de* alguna cosa — *en* sus negocios.
Entenderse *con* alguien — *por* señas.
Entrambos *a* dos.
Entrar *a* saco — *con* todo — *de* novicio — *en* la iglesia — *hasta* el coro — *por* la puerta grande.
Entregarse *al* estudio — *de* un establecimiento — *en* brazos de la suerte.
Entremeterse *en* asuntos de otro.
Entretenerse *con* ver la tropa — *en* leer.
Entristecerse *con, de, por* el bien ajeno.
Envanecerse *con, de, en, por* la victoria.
Envejecer *con, de, por* los disgustos — *en* el oficio.
Enviar (a alguno) *a* la corte — *con* un presente — *de* apoderado — *por* vino.
Envolver, o envolverse, *con, en, entre* mantas.
Enzarzarse *en* una quimera.
Equipar (a uno) *con, de* lo que ha menester.
Equivocarse *con* otro — *en* algo.
Erizado *de* espinas.
Erudito *en* lenguas.
Escabullirse *entre, de entre, por entre* la multitud.
Escapar *a* la calle — *con* vida — *en* una tabla.

Escarmentado *de* rondar — *con* la prueba.
Escarmentar *con* la desgracia — *en* cabeza ajena.
Escaso *de* dinero, *en* bienes.
Escoger *del, en* el montón — *entre* varias cosas — *para, por* mujer.
Esconderse *a* la persecución — *de* alguno — *en* alguna parte — *entre* las matas.
Escuchar *con, en* silencio.
Escudarse *con, de* la fe — *contra* el peligro.
Esculpir *a* cincel — *de* relieve — *en* mármol.
Escupir *al, en* el rostro.
Escurrirse *al* suelo — *de, de entre, entre* las manos.
Esencial *al, en, para* el negocio.
Esforzarse *a, en, por* trabajar.
Esmaltar *con, de* flores — *en* flores.
Esmerarse *en* alguna cosa.
Espantarse *al, con* el estruendo — *de, por* algo.
Especular *con* algo — *en* papel.
Esperar *a* que venga — *de, en* Dios.
Estampar *a* mano — *contra* la pared — *en* papel — *sobre* tela.
Estar *a, bajo* la orden de otro — *al* caer — *con, en* ánimo de viajar — *en* casa — *entre* enemigos — *para* salir — *por* alguno — (algo) *por* suceder — *sin* sosiego — *sobre* sí — *de* vuelta.
Estéril *de, en* frutos.
Estimular *al* estudio — *con* premios.
Estragarse *con* la prosperidad — *por* las malas compañías.
Estrecharse *con* algo — *en* los gastos.
Estrecho *de* manga.
Estrellarse *con* alguno — *contra, en* alguna cosa.

— 80 —

Estrenarse *con* una obra maestra.
Estribar *en* el plinto.
Estropeado *de* manos y pies.
Estudiar *en* buen autor — *para* médico — *por* Nebrija — *sin* maestro — *con* los escolapios.
Exacto *en* sus promesas.
Examinar, o examinarse, *de* Gramática.
Exceder (una cuenta) *a* otra — *de* la talla — *en* mil reales.
Excederse *de* sus facultades.
Excitar *a* la rebelión.
Excluir (a uno) *de* alguna parte o cosa.
Excusarse *con* alguno — *de* hacer algo.
Exento *de* vicios.
Eximir, o eximirse, *de* alguna ocupación.
Exonerar *del* empleo.
Expeler *del* reino — *por* la boca.
Explayarse *en* un discurso.
Expresarse *en* lenguaje propio.
Extenderse *a, hasta* mil reales — *en* digresiones.
Extrañarse *de* su amigo.
Extraño *al* asunto — *de* ver.
Extraviarse *a* otra cuestión — *de* la carretera — *en* sus opiniones.

Fácil *a* cualquiera — *con, para, para con* los inferiores — *de* digerir — *en* creer.
Faltar *a* la palabra — *de* alguna parte — *en* algo — (un real) *para* veinte — (el rabo) *por* desollar.
Falto *de* juicio.
Fallar *con, en* tono magistral.
Fastidiarse *al* andar — *con, de* la charla *de* alguno.
Fatigarse *de* andar — *en* pretensiones — *por* sobresalir.
Favorable *a, para* alguno.
Favorecerse *de* alguien.

Favorecido *de* la suerte — *por* el ministro.
Fecundo *de* palabras — *en* recursos.
Fértil *de, en* granos.
Fiar (algo) *a, de* alguno — *en* sí.
Fiarse *a, de, en* alguno.
Fiel *a, con, para, para con* sus amigos — *en* su creencia.
Fijar *en* la pared.
Fijarse *en* un buen propósito.
Firmar *con* estampilla — *de* propia mano — *en* blanco — *por* su principal.
Firme *de* hombros — *en* su designio.
Flanqueado *de* torres.
Flaquear *en* la honradez — *por* los cimientos.
Flexible *a* la razón — *de* talle.
Flojo *de* vientre — *en, para* el trabajo.
Florecer *en* virtudes.
Fluctuar *en, entre* dudas.
Formar (el corazón) *con* el buen ejemplo — (quejas) *de* un amigo — *en* columna — *por* compañías.
Forrar *de, con, en* pieles.
Franco *a, con, para, para con* todos — *de* carácter — *en* el decir.
Franquearse *a, con* alguno.
Freír *con, en* aceite.
Frisar (una moldura) *con, en* otra.
Fuera *de* casa.
Fumar *con* tenacillas — *en* pipa.
Fundarse *en* razón.
Furioso *con, contra* su hijo — *de* ira — *por* el desastre.

Ganar *al* ajedrez — *con* el tiempo — *de* oposición — *en* categoría — *para* sólo vivir — *por* la mano.
Generoso *con, para, para con* los pobres — *de* espíritu — *en* acciones.

— 81 —

Girar *a* cargo de — *contra* otro — *de* una parte a otra — *en* torno — *hacia* la izquierda — *por* tal parte — *sobre* una casa de comercio.
Gloriarse *de* alguna cosa — *en* el Señor.
Gordo *de* talle.
Gozar, o gozarse, *con, en* el bien común — *de* alguna cosa.
Gozoso *con* la noticia — *del* triunfo.
Grabar *al* agua fuerte — *con* agujas — *en* madera.
Graduar *a* claustro pleno — (una cosa) *de, por* buena.
Granjear (la voluntad) *a, de* alguno — *para* sí.
Grato *al, para* el oído — *de* recordar.
Gravar *con* impuestos — *en* mucho.
Gravoso *al* pueblo.
Grueso *de* cuello.
Guardar *bajo, con* llave — *en* la memoria — *entre* algodones — *para* simiente.
Guarecerse *bajo* el pórtico — *de* la intemperie — *en* una choza.
Guarnecer (una cosa) *con, de* otra.
Guiado *de, por* alguno.
Guiarse *por* un práctico.
Guindarse *de* una ventana — *por* la pared.
Gustar *de* bromas, *de* correr.
Gusto *a* la música — *para* vestir — *por* las flores.
Gustoso *al* paladar — *en* alguna cosa.

Haber *a* las manos — *de* morir — (a alguno) *por* confeso.
Haberlo *de* los cascos.
Habérselas *con* otro.
Hábil *en* negocios — *para* el empleo.
Habilitar (a uno) *con* fondos — *de* ropa — *para* obtener curatos.
Habitar *bajo* un techo — *con* alguno — *en* tal parte — *entre* fieras.
Habituarse *al* frío.
Hablar *con* alguno — *de, en, sobre* alguna cosa — *entre* dientes — *por* sí o *por* otro — *sin* ton ni son.
Hacer *a* todo — (mucho) *con* poco trabajo — *de* valiente — *de* galán o barba — (algo) *en* regla — *para* sí — *por* alguno.
Hacerse *a* las armas — *con, de* buenos libros — *de* rogar — (algo) *en* debida forma.
Hallarse *a, en* la fiesta — *con* un obstáculo.
Hartar, o hartarse, *con* fruta — *de* esperar.
Henchir (el colchón) *de* lana.
Heredar *de* un pariente — *en* el título — *en, por* línea recta.
Hermanar, o hermanarse, dos *a* dos — (una cosa) *con* otra — *entre* sí.
Herrar *a* fuego — *en* frío.
Hervir (un lugar) *de, en* gente.
Hincarse *de* rodillas.
Hocicar *con, contra, en* alguna cosa.
Holgarse *con, de* alguna cosa.
Honrarse *con* la amistad de alguno — *de* complacer a un amigo.
Humano *con* el rendido — *en* su comportamiento.
Humedecer *con, en* un líquido.
Humillarse *a* alguna persona o cosa — *ante* Dios.
Hundir, o hundirse, *en* el cieno.
Hurtar *de* la tela — *en* el precio.
Hurtarse *a* los ojos — *de* otro.

Idóneo *para* alguna cosa.
Igual *a, con* otro — *en* fuerzas.

Igualar, o igualarse, *a, con* otro — *en* saber.
Imbuir (a alguno) *de, en* opiniones erróneas.
Impaciente *con, de, por* la tardanza.
Impedido *de* la vista — *para* escribir.
Impelido *de* la necesidad — *por* el ejemplo.
Impetrar (algo) *del* superior.
Implacable *en* su venganza.
Implicarse *con* alguno — *en* algún enredo.
Imponer (pena) *al* reo — *en* la Caja de Ahorros — *sobre* consumos.
Imponer *en* sus obligaciones.
Importar (mucho) *a* alguno — (géneros) *de* Francia — *a, en* España.
Importunar *con* pretensiones.
Impotente *contra* la mala fortuna — *para* el bien.
Imprimir *con, de* letra nueva — *en* el ánimo — *sobre* la cera.
Impropio *a, de, en, para* su edad.
Impugnado *de, por* todos.
Inaccesible *a* los pretendientes.
Inapeable *de* su opinión.
Incansable *en* el trabajo.
Incesante *en* sus tareas.
Incierto *del* triunfo — *en* sus opiniones.
Incitar (a alguno) *a* rebelarse — *contra* otro — *para* pelear.
Inclinarse *a* la adulación — *hasta* el suelo.
Incluir *en* el número — *entre* los buenos.
Incomprensible *a, para* los hombres.
Inconsecuente *con, para, para con* los amigos — *en* alguna cosa.
Inconstante *en* su proceder.

Incorporar (una cosa) *a, con, en* otra.
Increíble *a, para* muchos.
Inculcar *en* el ánimo.
Incumbir (una diligencia) *al* escribano.
Incurrir *en* falta.
Indeciso *en, para* resolver.
Indemnizar (a alguno) *del* perjuicio.
Independiente *de* todos — *en* sus dictámenes.
Indignarse *con, contra* alguno — *de, por* una mala acción.
Indisponer (a uno) *con, contra* otro.
Inducir (a uno) *a* pecar — *en* error.
Indulgente *con, para, para con* el prójimo — *en* sus juicios.
Indultar (a alguno) *de* la pena.
Infatigable *en, para* el estudio.
Infatuarse *con* los aplausos.
Inferior *a* otro — *en* talento.
Inferir (una cosa) *de, por* otra.
Infestar (un pueblo) *con, de* malas doctrinas.
Inficionado *de* peste.
Infiel *a, con, para, para con* sus amigos — *en* sus tratos.
Inflamar, o inflamarse, *de, en* ira.
Inflexible *a* los ruegos — *en* su dictamen.
Influir *con* el jefe — *en* alguna cosa — *para* el indulto.
Informar (a alguno) *de, en, sobre* alguna cosa.
Infundir (ánimo) *a, en* alguno.
Ingeniarse *a* vivir — *con* poco — *en* alguna cosa — *para* ir viviendo.
Ingerir, o injerir, *a* púa — *de* escudete — (una rama) *en* un árbol.
Ingerirse, o injerirse, *en* asuntos de otros.

Ingrato *a* los beneficios — *con, para, para con* los amigos.
Inhábil *en* sus manejos — *para* el empleo.
Inhabilitar (a alguno) *de* un oficio — *para* alguna cosa.
Inherente *al* cargo que desempeña.
Inhibirse (el juez) *de, en* el conocimiento de una causa.
Iniciar, o iniciarse, *en* los misterios.
Inmediato *a* la corte.
Inmune *a* la tempestad.
Inquietarse *con, de, por* las hablillas.
Insaciable *de* dinero — *en* sus apetitos.
Inseparable *de* la virtud.
Insertar (un documento) *en* otro.
Insípido *al* gusto — *para* gente gastada.
Insistir *en, sobre* alguna cosa.
Inspirar (una idea) *a, en* alguno.
Instar *para* el logro — *por* una solicitud — *sobre* el negocio.
Instruir (a alguno) *de, en, sobre* alguna cosa.
Inteligente *en* Matemáticas.
Intentar (una acusación) *a, contra* alguno.
Interceder *con* alguno — *por* otro.
Interesarse *con* alguno — *en* alguna empresa — *por* otro.
Internarse *en* alguna cosa — *en* algún lugar.
Interpolar (unas cosas) *con, entre* otras.
Interponer (su autoridad) *con* alguno — *por* otro.
Interpretar *del* griego *al* latín — *en* castellano.
Intolerante *con, para, para con* sus amigos — *en* punto de honra.

Introducir, o introducirse, *a* consejero — *con* los que mandan — *en, por* alguna parte.
Inundar *de, en* sangre el suelo.
Inútil *para* el servicio.
Invernar *en* tal parte.
Ir *a, hacia* Cádiz — *bajo* custodia — *con* su padre — *contra* alguno — *de* un lado a otro — *en* coche — *entre* bayonetas — *hasta* Roma — *para* viejo — *por* camino de hierro — *por* pan — *sobre* Túnez — *tras* un prófugo.

Jaspear (una pared) *de* negro, blanco y rojo.
Jubilar *del* empleo.
Jugar *a* la pelota — unos *con* otros — (alguna cosa) *con, por* otra — *de* manos.
Juntar (alguna cosa) *a, con* otra.
Jurar *de* hacer (alguna cosa) — *en* vano — *por* su nombre — *sobre* los Evangelios.
Jurárselas *a* otro.
Juzgar *a, por* deshonra — *de* alguna cosa — *en* una materia — *entre* partes — *según* fuero — *sobre* apariencias.

Labrar *a* martillo — *de* piedra un edificio — *en* el espíritu.
Ladear (una cosa) *a, hacia* tal parte.
Ladearse (alguno) *al* partido contrario — *con* un compañero.
Lamentarse *de, por* la desgracia.
Lanzar (dardos) *a, contra* el adversario — *del* puesto.
Lanzarse *al, en* el mar — *sobre* la presa.
Largo *de* ingenio — *en* el trabajo.
Lastimarse *con, contra, en* una piedra — *de* la noticia.

Lavar (la ofensa) *con, en* sangre.
Leer *de* oposición — *en* Aristóteles — *sobre* Cánones.
Lejos *de* tierra.
Lento *en* obrar — *para* aprender.
Levantar (las manos) *al* cielo — *de* cascos — *del* suelo — *en* alto — *por* las nubes — *sobre* todos.
Levantarse *con* lo ajeno — *contra* el Gobierno — *de* la silla — *en* armas.
Librar *a* cargo de, o *contra* un banquero — (a alguno) *de* riesgos — (letras) *sobre* una plaza.
Libre *de* sujeción — *en* sus discursos.
Ligar (una cosa) *a, con* otra.
Ligarse *con, por* su promesa.
Ligero *de* pies — *en* afirmar — *para* correr.
Limitado *de* talento — *en* ciencia.
Limpiarse *con, en* el pañuelo — *de* culpas.
Limpio *de* manos — *en* su traje.
Lisonjearse *con, de* esperanzas.
Litigar *con, contra* un pariente — *por* pobre → *sobre* un mayorazgo.
Loco *con* su nieto — *de* amor — *en* sus acciones — *por* los versos.
Luchar *con, contra* alguno — *por* recobrar algo.

Llamar *a* la puerta — *a* juicio — *con* la mano — *de* tú a otro — *por* señas.
Llamarse *a* engaño.
Llegar *a* la posada — *de* Indias.
Llenar (el hoyo) *con* tierra — (el saco) *de* trigo.
Llevar (algo) *a* casa — *con* paciencia — *de* vencida — *en* peso — *por* tema — *sobre* el corazón.
Llevarse (bien) *con* el vecino — *de* una pasión.
Llorar *de* gozo — *en, por* la felicidad ajena.
Llover *a* cántaros — (trabajos) *en, sobre* una familia → *sobre* mojado.

Maldecir *a* otro — *de* todo.
Maliciar *de* cualquiera — *en* cualquier cosa.
Malo *con, para, para con* su padre — *de* condición.
Malquistarse *con* alguno.
Mamar (un vicio) *con, en* la leche.
Manar (agua) *de* una fuente — (un campo) *en* agua.
Manco *de* la derecha — (no ser manco) *en, para* algún juego o ejercicio.
Manchar la ropa *con, de, en* lodo.
Mandar (una carta) *al* correo — *de* emisario — *en* su casa — *por* dulces.
Manso *de* genio — *en* su gobierno.
Mantenerse *con, de* hierbas — *en* paz.
Maquinar *contra* alguno.
Maravillarse *con, de* una noticia.
Marcar *a* fuego — *con* hierro — *por* suyo.
Matarse *a* trabajar — *con* un necio — *por* conseguir alguna cosa.
Matizar *con, de* rojo y amarillo.
Mayor *de* edad — *en* estatura.
Mediano *de* cuerpo — *en* capacidad.
Mediar *con* alguno — *en* una cuestión — *entre* los contrarios — *por* un amigo.
Medir *a* palmos — (una cosa) *con* otra — *por* varas → (todo) *con, por* un rasero.

Medirse *con* sus fuerzas — *en* las palabras.
Meditar *en, sobre* un misterio — *entre* sí.
Medrar *en* hacienda.
Mejorar *de* condición — (a una hija) *en* tercio y quinto.
Menor *de* edad — *en* categoría.
Merecer *con, de, para con* alguno — *para* alcanzar.
Mesurarse *en* las acciones.
Meter *a* barato — (dinero) *en* el cofre — *en* costura — (una cosa) *entre* otras varias — *por* vereda.
Meterse *a* gobernar — *con* los que mandan — *de* pies *en* los peligros — *entre* gente ruin — *por* medio.
Mirar (la ciudad) *a* oriente — *con* buenos ojos — *de* reojo — *por* alguno — *sobre* el hombro.
Mirarse *al* espejo — *en* el agua.
Misericordioso *con, para, para con* los desvalidos.
Moderarse *en* las palabras.
Mojar *en* caldo.
Moler *a* coces — *con* impertinencias.
Molerse *de* trabajar.
Molestar (a uno) *con* visitas.
Molesto *a* todos — *en* el trato.
Molido *a* palos — *de* andar.
Montar *a* caballo — *en* burro — *en* cólera (pero: montar muchos millones).
Morar *en* despoblado — *entre* salvajes.
Moreno *de* cara.
Morir *a* manos del contrario — *de* mano airada — *de* poca edad — *de* la peste — *en* gracia.
Morirse *de* frío — *por* lograr alguna cosa.
Mortificarse *con* ayunos — *en* algo.

Motejar (a alguno) *de* ignorante.
Motivar (el decreto) *con, en* buenas razones.
Mover, o moverse, *a* piedad — *con* lo que se oye — *de* una parte *a* otra.
Mudar (alguna cosa) *a* otra parte — *de* intento (una cosa) *en* otra.
Mudarse *de* casa — (el favor) *en* desvío.

Nacer *con* fortuna — (esto) *de* aquello — *en* Andalucía — *para* trabajos.
Nadar *de* espaldas — *en* riquezas — *entre* dos aguas.
Navegar *a, para* Indias — *con* viento fresco — *de* bolina — *contra* la corriente — *en* un vapor — *entre* dos aguas — *hacia* el Polo.
Negado *de* entendimiento — *para* todo.
Negligente *en, para* sus negocios.
Negociante *en* vinos — *por* mayor.
Negociar *con* papel — *en* granos.
Nimio *en* sus escrúpulos.
Ninguno *de* los presentes — *entre* tantos.
Nivelarse *a* lo justo — *con* los humildes.
Noble *de* cuna — *en* sus obras — *por* su origen.
Notar *con* cuidado — (a alguno) *de* hablador — (faltas) *en* obras ajenas.
Nutrirse *con* manjares substanciosos — *de, en* sabiduría.

Obligar *con* las finezas.
Obrar *a* ley — *con* malicia — *en* autos.
Obsequioso *con, para, para con* sus huéspedes.
Obstar (una cosa) *a, para* otra.

Ocultar (alguna cosa) *a, de* otro.
Ocuparse *con* un negocio — *en* trabajar.
Ocurrir *a* la urgencia.
Odioso *a* las gentes.
Ofenderse *con, de* las finezas — *por* todo.
Ofrecerse *a* los peligros — *de* acompañante — *en* holocausto — *por* servidor.
Oír *bajo* secreto — *con, por* sus propios oídos — *de* persona autorizada — *en* justicia.
Oler *a* rosas.
Oneroso *a* los amigos — *para* el comprador.
Opinar (bien) *de* un sujeto — *en, sobre* alguna cosa.
Oponerse *a* la sinrazón.
Oportuno *al, para* el caso — *en* las réplicas.
Oprimir *bajo* el peso — *con* el poder.
Optar *a, por* un empleo — *entre* dos candidatos.
Ordenado *a, para* tal fin — *en* series — *de* diácono.
Ordenar, u ordenarse, *de* sacerdote — *en* filas — *por* materias.
Orgulloso *con, para con* todos — *de, por* su caudal — *en* los ademanes.

Padecer *con* las impertinencias de otro — *de* los nervios — *en* la honra.
Pagar *a, en* dinero — *con* palabras — *de* sus ahorros — *por* otro.
Pagarse *con, de* buenas razones.
Pálido *de* color.
Palpar *con, por* sus manos.
Parar *a* la puerta — *en* casa.
Pararse *a* descansar — *ante* alguna dificultad — *con* alguno — *en* la calle.

Parco *en* la comida — *de* palabras.
Parecer *ante* el juez — *en* alguna parte.
Parecerse *a* otro — *de* cara — *en* el brío.
Participar *de* alguna cosa — *en* el negocio.
Particularizarse *con* alguno — *en* alguna cosa.
Partir *a, para* Italia — (la capa) *con* el mendigo — *de* España — *en* pedazos — *entre* amigos — *por* mitad.
Pasado *en* cuenta — *por* cedazo.
Pasante *de* Leyes — *en* Teología.
Pasar *de* Zaragoza *a* Madrid — *de* cien duros el gasto — *en* silencio — *entre* montes — *por* alto — *por* cobarde — *por entre* árboles.
Pasarse *al* enemigo — *con* poco — (alguna cosa) *de* la memoria — (la fruta) *de* madura — *en* claro — (uno) *sin* lo que más desea.
Pasear (la calle) *a* su dama.
Pasearse *con* otro — *en, por* el campo.
Pecar *con* la intención — *contra* la ley — *de* ignorante — *en* alguna cosa — *por* demasía.
Pedir *contra* alguno — *de* derecho — *en* justicia — *para* las ánimas — *por* Dios — *por* alguno.
Pegar (una cosa) *a, con* otra — *con* alguno — *contra, en* la pared — (golpes) *sobre* un tablero.
Pelear *en* defensa de — *por* la patria.
Penar *de* amores — *por* alguna persona o cosa.
Pender *ante* el Tribunal — *de* un cabello — *en* la cruz.
Penetrar *en* la cueva — *entre, por entre* las filas — *hasta* las

— 87 —

entrañas — *por* lo más espeso.
Penetrado *de* dolor.
Penetrarse *de* la razón.
Pensar *en, sobre* alguna cosa — *entre* sí — *para* consigo — *para* sí.
Perder *al, en* el juego — (algo) *de* vista.
Peregrinar *a* regiones extrañas — *por* el mundo.
Perfumar *con* incienso.
Perjudicial *a, para* la vista.
Permanecer *en* un lugar.
Permutar (una cosa) *con, por* otra.
Pernicioso *a* las costumbres — *en* el trato — *para* los jóvenes — *por* sus doctrinas.
Perpetuar (su fama) *en* la posteridad.
Perseguido *de* enemigos — *por* prófugo — *por* los acreedores.
Perseverar *en* algún intento.
Persistir *en* una idea.
Persuadido *de* ser justa la solicitud.
Persuadir, o persuadirse, *a* hacer alguna cosa — *con, por* buenas razones.
Pertinaz *de* carácter — *en* su opinión.
Pertrecharse *con, de* lo necesario.
Picar *de, en* todo.
Picarse *con* alguno — *de* puntual — *en* el juego — *por* una chanza.
Pintar *al* pastel — *de* azul.
Pintiparado *a* alguno — *para* el caso.
Pleitear *con, contra* alguno — *por* pobre.
Poblarse *de* gente.
Pobre *de* espíritu — *en* facultades.
Poder *con* la carga — *con, para con* alguno. — No poder menos *de*...

Poderoso *a, para* triunfar — *en* bienes.
Ponderar (una cosa) *de* grande.
Porfiar *con, contra* alguno — *en* un empeño — *hasta* morir — *sobre* el mismo tema.
Posar *en, sobre* alguna parte.
Poseído *de* temor.
Posterior *a* otro.
Postrado *con, de* la enfermedad — *por* los trabajos — *a* los pies.
Postrarse *a* los pies de alguno — *de* dolor — *en* cama — *por* el suelo.
Práctico *en* Cirugía.
Precaverse *contra* el mal — *del* aire.
Preceder (a otro) *en* categoría.
Precipitarse *al, en* el foso — *de, desde, por* las almenas.
Predispuesto *a*.
Preeminencia *en* clase — (de una cosa) *sobre* otra.
Prender *de* un clavo.
Prender, o prenderse, *con* alfileres — *de* veintiocho alfileres — *en* un gancho.
Preocuparse *con, por* alguna cosa.
Preponderar (una cosa) *sobre* otra.
Presentarse *al* general — *bajo* mal aspecto — *de, por* candidato — *en* la corte — *por* el lado favorable.
Presidido *del, por* el jefe.
Presidir *en* un Tribunal — *por* antigüedad.
Prestar (dinero) *a* alguno — (la dieta) *para* la salud — *sobre* prenda.
Presto *a, para* correr — *en* obrar.
Prevenirse *al, contra* el peligro — *de, con* lo necesario — *en* la ocasión — *para* un viaje.

Primero *de, entre* sus compañeros — *en* clase.
Príncipe *de, entre* los poetas.
Principiar *con, en, por* tales palabras.
Pringarse *con, de* grasa — *en* una miseria.
Probar *a* saltar — *de* todo.
Proceder *a* la elección — *con, sin* acuerdo — *contra* los morosos — (una cosa) *de* otra — *de* oficio — *en* justicia.
Procurar *para* sí — *por* alguno.
Pródigo *de, en* ofertas.
Producir *ante* los tribunales — *en* juicio.
Producirse *de, por* todo.
Prometer *en* casamiento — *por* esposa.
Prometerse (buen resultado) *de* un negocio.
Promover (a uno) *a* algún cargo.
Pronto *a* enfadarse — *de* genio — *en* las respuestas — *para* trabajar.
Propagar *en, por* la comarca — (tal especie) *entre* los suyos.
Propasarse *a, en* una cosa.
Propender *a* la clemencia.
Propicio *al* ruego.
Propio *al, del, para* el caso.
Proponer (la paz) *al* contrario — (a alguno) *en* primer lugar — *para* una vacante — (a alguno) *por* árbitro.
Proporcionar, o proporcionarse, *a* las fuerzas — *con, para* alguna cosa.
Prorrumpir *en* lágrimas.
Proseguir *con, en* la tarea.
Prosternarse *en* tierra — *a, para* suplicar — *ante* Dios.
Prostituir (el ingenio) *al* oro.
Proteger (a alguno) *en* sus designios.
Protestar *contra* la calumnia — *de* su inocencia.

Provechoso *al, para* el vecindario.
Proveer *a* la necesidad pública — (la plaza) *con, de* víveres — *en* justicia — (el empleo) *en* el más digno — *entre* partes.
Provenir *de* otra causa.
Provocar *a* ira — (a alguno) *con* malas palabras.
Próximo *a* morir — *en* grado.
Pugnar *con, contra* uno — *en* defensa *de* otro — *para, por* escaparse.
Pujar *con, contra* los obstáculos — *en, sobre* el precio — *por* alguna cosa.

Quebrado *de* color — *de* cintura.
Quebrantarse *con, por* el esfuerzo — *de* angustia.
Quebrar (el corazón) *a* alguno — *con* un amigo — *en* tal cantidad — *por* lo más delgado.
Quebrarse (el ánimo) *con, por* las desgracias.
Quedar *a* deber — *con* un amigo *en* tal o cual cosa — *de* asiento — *de* pies — *en* casa — *para* contarlo — *por* cobarde.
Quedarse *a* servir — *con* lo ajeno — *de* mano en el juego — *en* cama — *para* tía — *por* amo de todo — *sin* blanca.
Quejarse *a* uno *de* otro.
Quemarse *con, de, por* alguna palabra.
Querellarse *al* alcalde — *ante* el juez — *contra, de* su vecino.
Quién *de* ellos — *entre* tantos.
Quitar (algo) *a* lo escrito — *del* medio.
Quitarse *de* enredos.

Rabiar *contra* alguno — *de* hambre — *por* lucirse.
Radicar *en* tal parte.

Rayar *con* los primeros — *en* lo sublime.
Razonar *con* alguno — *sobre* un punto.
Rebajar (una cantidad) *de* otra.
Rebatir (una razón) *con* otra — (una cantidad) *de* otra.
Rebosar *de, en* agua.
Recabar *con, de* alguno.
Recaer *en* la falta — (la elección) *en* el más digno — *en* uno (un mayorazgo) — *sobre* uno una responsabilidad.
Recibir *a* cuenta — (una cosa) *de* alguno — (a uno) *de* criado — *en* cuenta — *por* esposa.
Recio *de* miembros.
Reclamar (tal cosa) *a, de* fulano — *ante* un Tribunal — *contra* un pariente — *en* juicio — *para* sí — *por* bien.
Reclinarse *en, sobre* alguna cosa.
Recobrarse *de* la enfermedad.
Recogerse *a* casa — *en* sí mismo.
Recompensar (un beneficio) *con* otro.
Reconocer (a alguno) *por* amigo — (mérito) *en* una obra.
Reconvenir (a alguno) *con, de, por, sobre* alguna cosa.
Recostarse *en, sobre* la cama.
Recrearse *con* el dibujo — *en* leer.
Reducir (alguna cosa) *a* la mitad — *a* polvo.
Reducirse *a* lo más preciso — *en* los gastos.
Redundar *en* beneficio.
Reemplazar (a una persona) *con* otra — (a Luis) *en* su empleo.
Reflejar (la luz) *en, sobre* un plano.
Reflexionar *en, sobre* tal materia.

Regalarse *con* buenos vinos — *en* dulces memorias.
Regar *con, de* llanto.
Reglarse *a* lo justo — *por* lo que ve en otro.
Regodearse *con, en* alguna cosa.
Reincidir *en* el crimen.
Reintegrar (a un huérfano) *en* sus bienes.
Reintegrarse *de* lo suyo.
Relajarse *del* lado izquierdo — *en* la conducta.
Relegar *al* olvido (una cosa).
Rematar *al* toro — *con* una copla — *en* cruz.
Remirado *en* su conducta.
Remitirse *al* original.
Remontarse *en* alas de la fantasía — *por* los aires — *sobre* todos — *al, hasta* el cielo.
Remover *de* su puesto.
Renacer *a* la vida — *con, por* la gracia — *en* Jesucristo.
Rendirse *a* la razón — *con* la carga — *de* fatiga.
Reo *contra* la sociedad — *de* muerte.
Reparar (perjuicios) *con* favores — *en* cualquier cosa.
Repararse *del* daño.
Repartir (alguna cosa) *a, entre* algunos — *en* porciones iguales.
Representarse (alguna cosa) *a, en* la imaginación.
Reputar (a alguno) *por* honrado.
Requerir *de* amores.
Requerirse (algo) *en, para* un negocio.
Resbalar *con, en, sobre* el hielo.
Resbalarse *de, de entre, entre* las manos — *por* la pendiente.
Resentirse *con, contra* alguno — *de, por* alguna cosa — *del, en* el costado.

— 90 —

Resfriarse *con* alguno — *en* la amistad.
Resguardarse *con* el muro — *de* los tiros.
Residir *en* la corte — *entre* personas cultas.
Resignarse *a* los trabajos — *con* su suerte — *en* la adversidad.
Resolverse *a* alguna cosa — (el agua) *en* vapor — *por* tal partido.
Resonar (la ciudad) *con*, *en* cánticos de gozo.
Respaldarse *con*, *contra* la pared — *en* la silla.
Resplandecer *en* sabiduría.
Restituido *en* sus Estados — *por* entero.
Restituirse *a* su casa.
Resuelto *en*, *para* obrar — *a* marchar.
Resultar (una cosa) *de* otra.
Retar *a* muerte — *de* traidor.
Retirarse *a* la soledad — *del* mundo.
Retractarse *de* la acusación.
Retraerse *a* alguna parte — *de* alguna cosa.
Retroceder *a*, *hacia* tal parte — *de* un sitio *a* otro — *en* el camino.
Reventar *de* risa — *por* hablar.
Revestir, o revestirse, *con*, *de* facultades.
Revolcarse *en* el fango — *por* el suelo.
Revolverse *al*, *contra*, *sobre* el enemigo.
Rico *con*, *por* su legítima — *de* virtudes — *en* ganados.
Ridículo *en* su porte — *por* su traza.
Rígido *con*, *para*, *para con* su familia — *de* carácter — *en* sus juicios.
Rodar *de* lo alto — (el jinete) *por* tierra.
Rodear (una plaza) *con*, *de* murallas.

Romper *con* alguno — *en* llanto — *por* medio.
Rozarse (una cosa) *con* otra — *en* las palabras.

Saber *a* vino — *de* trabajos — *para* sí.
Sabio *en* su profesión.
Saborearse *con* el dulce.
Sacar (una cosa) *a* plaza, *a* la plaza — *a* pulso — *con* bien — *de* alguna parte — *de entre* infieles — *en* limpio — *por* consecuencia.
Saciar *de* viandas.
Saciarse *con* poco — *de* venganza.
Salir *a*, *en* la cara — *con* un despropósito — *contra* alguno — *de* alguna parte — *de* pobre — *por* fiador.
Salpicar *con*, *de* aceite.
Saltar (una cosa) *a* los ojos — *con* una simpleza — *de* gozo — *en* tierra — *por* la cerca.
Salvarse *a* nado — *en* el esquife — *por* pies.
Sanar *de* la enfermedad — *por* ensalmo.
Sano *de* intención.
Satisfacer, o satisfacerse, *de* la duda.
Satisfecho *consigo* — *de* sí — *por* los elogios.
Secar *al* aire — *con* un paño.
Secarse *de* sed.
Seguir *con* la empresa — *de* cerca — *en* el intento — *para* Cádiz.
Seguirse (una cosa) *a*, *de* otra.
Seguro *de* ganar — *en* su virtud.
Sembrar (el camino) *con*, *de* flores — *en* la arena — *entre* piedras.
Semejante *a* su padre — *en* todo.
Semejar, o semejarse (una cosa), *a* otra *en* algo.
Sensible *a* la afrenta.
Sentarse *a* la mesa — *de* cabe-

cera de mesa — *en* la silla — *sobre* un cofre.
Sentenciar *a* destierro — *en* justicia — *por* estafa — *según* ley.
Sentir *con* otro.
Sentirse *de* algo.
Señalarse *en* la guerra — *por* discreto.
Ser (una cosa) *a* gusto de todos — *de* desear — *de* dictamen — *de* usted — *para* mí — *para en* uno — *con* otro — *en* batalla.
Servirse *de* alguno — *en, para* un lance — *por* la escalera falsa.
Severo *con, para, para con* los discípulos — *de* semblante — *en* sus juicios.
Sincerarse *ante* un juez — *con* otro — *de* la culpa.
Sin embargo *de* eso.
Singularizarse *con* alguno — *en* todo — *entre* los suyos — *por* su traje.
Sisar *de* la tela — *en* la compra.
Sitiado *de, por* los enemigos.
Situado *a* la orilla — *en* la lancha — *sobre* el monte.
Situarse *en* alguna parte — *entre* dos ríos.
Soberbio *con, para, para con* sus inferiores — *de* índole — *en* palabras.
Sobrepujar (a alguno) *en* saber.
Sobresalir *en* mérito — *entre* todos — *por* su elocuencia.
Sobresaltarse *con, de, por* la noticia.
Sobreseer *en* la causa.
Sobrio *de* palabras — *en* comer.
Socorrer *con* algo — *de* víveres.
Solazarse *con* fiestas — *en* banquetes — *entre* amigos.
Solícito *con* otro — *en, para* pretender.
Soltar (a un niño) *a* andar.
Sonar (alguna cosa) *a* hueco — *en, hacia* tal parte.

Soñar *con* ladrones — *en* esto o aquello.
Sordo *a* las voces — *de* un oído.
Sorprender *con* alguna cosa — *en* el hecho.
Sorprendido *con, de* la bulla.
Sospechar (infidelidad) *de* un criado — *en* alguno.
Sospechoso *a* alguno — *de* herejía — *en* la fe — *por* su comportamiento.
Sostener *con* razones — (algo) *en* la Academia.
Subdividir *en* partes.
Subir *a, en* alguna parte — *de* la bodega — *sobre* la mesa.
Subordinado *al* caudillo.
Subsistir *con, del* auxilio ajeno.
Substituir *a, por* alguno — (una cosa) *con* otra — (un poder) *en* alguno.
Substraerse *a, de* la obediencia.
Suceder *a* Pedro — *con* Pedro lo que *con* Juan — (a alguno) *en* el empleo.
Suelto *de* lengua — *en* el decir.
Sufrido *en* la adversidad.
Sufrir *a, de* uno lo que no se sufre *a, de* otro — *con* paciencia — *por* amor *de* Dios.
Sujetar *con* maña — *por* los brazos.
Sujetarse *a* alguno, o *a* alguna cosa.
Sumirse *en* una ciénaga.
Sumiso *al* superior.
Supeditado *de, por* los contrarios.
Superior *a* sus enemigos — *en* luces — *por* su ingenio.
Suplir *en* actos del servicio — *por* alguno.
Surtir *de* víveres.
Suspender *de* una argolla — *de* empleo y sueldo — *en* el aire — *por* los cabellos.
Suspirar *de* amor — *por* el mando.

Sustentarse *con* hierbas — *de* esperanzas.

Tachar (a alguno) *de* ligero — *por* su mala conducta.
Tachonar *de, con* florones de oro.
Tardar *en* venir.
Tardo *a* sentir — *de* oído — *en* comprender.
Temblar *con* el susto — *de* frío — *por* su vida.
Temer *de* otro — *por* sus hijos.
Temeroso *de* la muerte.
Temible *a* los contrarios — *por* su arrojo.
Temido *de, entre* muchos.
Temor *al* peligro — *de* Dios.
Templarse *en* comer.
Tenerse *de, en* pie — *por* inteligente.
Teñir *con, de, en* negro.
Terciar *en* una contienda — *entre* dos.
Terminar *en* punta.
Tierno *con* los niños — *de* corazón.
Tirar *a, hacia, por* tal parte — *de* la falda.
Tiritar *de* frío.
Titubear *en* alguna cosa.
Tocado *al* imán — *de* locura.
Tocar (la herencia) *a* alguno — *a* muerto — *en* alguna parte.
Tomar *a* pechos — *bajo* su protección — *con, en, entre* las manos — *de* un autor una especie — (una cosa) *de* un modo u otro — *en* mala parte — *hacia* la derecha — *para* sí — *por* ofensa — *sobre* sí.
Tomarse *con, por* la humedad — *de* orín.
Topar *con, contra, en* un poste.
Torcido *con* otro — *de* cuerpo — *en* sus dictámenes — *por* la punta.
Tornar *a* las andadas — *de* Galicia — *por* el resto.

Trabajar *a* destajo — *de* sastre — *en* tal materia — *para* comer — *por* distinguirse.
Trabar (una cosa) *con, en* otra.
Trabarse *de* palabras.
Traducir *al, en* castellano — *del* latín.
Traer (una cosa) *a* alguna parte — *ante* sí — *consigo* — *de* Francia — *en, entre* manos — *hacia* sí — *por* divisa — *sobre* sí.
Traficar *con* su crédito — *en* drogas.
Transferir (alguna cosa) *a, en* otra persona — *de* una parte *a* otra.
Transfigurarse *en* otra cosa.
Transformar, o transformarse (una cosa), *en* otra.
Transitar *por* alguna parte.
Transpirar *por* todas partes.
Transportar (alguna cosa) *a* lomo — *de* una parte *a* otra — *en* hombros.
Trasladar (algo) *a* alguien — *al, en* castellano — *de* Sevilla *a* Cádiz — *del* griego.
Traspasar (alguna cosa) *a, en* alguno.
Trasplantar *de* una parte *a, en* otra.
Tratar *a* la baqueta — *con* alguno — *de* cobarde — *de, sobre, acerca de* alguna cosa — *de* evitar algo — *en* lanas.
Triste *de* aspecto — *de, con, por* el suceso.
Triunfar *de* los enemigos — *de* espada (en los juegos) — *en* la lid.
Trocar (una cosa) *con, en, por* otra — *de* papeles.
Tropezar *con, contra, en* alguna cosa.
Tuerto *del* ojo derecho.
Turbar *en* la posesión.

Ufanarse *con, de* sus hechos.
Último *de, entre* todos — *en* la clase.
Ultrajar *con* apodos — *de* palabra — *en* la honra.
Uncir (los bueyes) *al* carro — macho *con* mula.
Único *en* su línea — *entre* mil — *para* el objeto.
Uniformar (una cosa) *a, con* otra.
Unir (una cosa) *a, con* otra.
Unirse *a, con* los compañeros — *en* comunidad — *entre* sí.
Uno *a* uno — *con* otro — *de* tantos — *entre* muchos — *para* cada cosa — *por* otro — *sobre* los demás — *tras* otro.
Untar *con, de* aceite.
Usar *de* enredos.
Útil *a* la patria — *para* tal cosa.
Utilizarse *con, de, en* alguna cosa.

Vacar *al* estudio.
Vaciar *en* yeso.
Vaciarse *de* alguna cosa — *por* la boca.
Vacilar *en* la elección — *en* declarar — *entre* la esperanza y el temor.
Vecino *al, del* palacio.
Velar *a* los muertos — *en* defensa — *por* el bien público — *sobre* alguna cosa.
Velloso, velludo *de* cuerpo — *en* los brazos.
Vencer *a, con, por* traición — *en* la batalla.
Vencido (el aparejo) *a, hacia* la derecha — *de, por* los enemigos.
Vender *a, en* tanto — (gato) *por* liebre.
Venderse *a* alguno — *en* tanto — *por* amigo — *por* dinero.
Vengarse *de* una ofensa — *en* el ofensor.
Venir *a* casa — *a* tierra — *con* un criado — *de* Sevilla — *en* ello — *hacia* aquí — *por* buen conducto — *sobre* uno mil desgracias.
Venirse *a* buenas — *con* chanzas.
Ver *de* hacer algo — *con* sus ojos — *por* un agujero.
Versado *en* Paleografía.
Verter *al* suelo — *al, en* castellano — *del* cántaro — *en* el jarro.
Viciarse *con* el, *del* trato de alguno.
Vigilar *en* defensa de la ciudad — *por* el bien público — *sobre* sus súbditos.
Vincular (la gloria) *en* la virtud — *sobre* una hacienda.
Violentarse *a, en* alguna cosa.
Virar *a, hacia* la costa — *en* redondo.
Visible *a, entre, para* todos.
Vivir *a* su gusto — *con* su suegro — *de* limosna — *en* paz — *para* ver — *por* milagro — *sobre* la haz de la tierra.
Volar *al* cielo — *de* rama *en* rama — *por* muy alto.
Volver *a* casa — *de* la aldea — *en* sí — *hacia* tal parte — *por* tal camino — *por* la verdad — *sobre* sí.

Zafarse *de* alguna persona — *del* compromiso.
Zambullir, o zambullirse, *en* el agua.
Zamparse *en* la sala.
Zozobrar *en* la tormenta.

PÓNGASE LA PALABRA ADECUADA

Es muy corriente el emplear vocablos impropios. Unos ponen voces masculinas por femeninas, otros toman de lenguas extranjeras palabras que existen en castellano, otros se valen de expresiones contrarias a la índole del idioma, otros usan dicciones que tienen un significado distinto del que se le quiere dar.

Masculino por femenino

Una presidente, una tunante, una huésped, una farsante, una comediante, una figurante, una sirviente, en vez de *presidenta, tunanta, huéspeda, farsanta, comedianta, figuranta, sirvienta*. No obstante, es correcto decir *una intrigante, una maldiciente,* etc.

En cuanto a *acompañanta,* es correcto cuando designa a una mujer que tiene por oficio acompañar, pero cuando se quiere designar a una que acompaña a alguien ocasionalmente, dígase *acompañante;* por ejemplo: *Juan miró a su acompañante, que le seguía cabizbaja y meditabunda.*

Asimismo dígase *una postulante* para designar a la que postula, que solicita donativos, pero *una postulanta* para indicar a la que pide ser admitida en una comunidad religiosa.

Nótese que *cometa* es masculino como cuerpo celeste, y femenino como juguete de muchachos.

Si bien hay que decir *el alma, el arma,* para evitar la cacofonía que resultaría del encuentro de dos *a* fuertes, no debe decirse *el haz,* sino *la haz (la haz de la Tierra).*

Cada acción requiere su verbo

Se aducen pruebas, razones.
Ajea la perdiz.
Se arroga uno una facultad, un derecho.
Arrúa el jabalí.
Arrulla la paloma.
Aúlla el lobo.
Bala la oveja.
Barritan el elefante y el rinoceronte.
Berrea el becerro.
Brama el toro.
Cacarean la gallina y el gallo.
Canta el gallo.
Cloquea la gallina.
Se colige una cosa de otra.
Se concierta un pacto.
Se confiere a uno dignidad, empleo, facultades o derechos.
Crascita el cuervo.
Croa la rana.
Crotora la cigüeña.
Cruje la madera, la arena, la nieve.
Cuchichia la perdiz.
Chasca la lengua.
Chasquea la madera (al abrirse), el látigo, la honda.
Chilla el ratón.
Chirrían las ruedas y los pájaros.
Chisporrotea la lumbre.
Chozpan los corderos, cabritos y otros animales.
Se defiere al parecer de otro.
Se elude un compromiso, una dificultad.
Se enalba hierro.
Se espira por la boca y por la nariz.
Expira el plazo.
Gamita el gamo.
Gluglutea el pavo.
Grazna el cuervo, el grajo, el ganso.
Grilla el grillo.
Gruñe el cerdo.
Gruye la grulla.
Guañe el cochinillo.
Himplan la pantera y la onza.
Se infiere una ofensa.
Se incurre en culpa, error, castigo, odio, ira, desprecio.
Se infunde miedo.
Se inflige un castigo.
Se infringe una ley, un precepto.
Se irroga un daño, un perjuicio.
Ladran el perro y la zorra.
Maúlla el gato.
Muge el buey.
Parpa el pato.
Pía el pollito.
Se profieren insultos.
Rebudia el jabalí.
Rechinan los dientes.
Rebuzna el asno.
Relincha el caballo.
Remudia la vaca.
Resuena el tambor.
Retumba el trueno.
Ruge el león.
Tita el pavo.
Trina el ruiseñor.
Ulula el mochuelo.
Zumba la abeja.
Zurea la paloma.

Incorrecciones y barbarismos

Aerópago, *por* areópago.
Álgido, *por* ardiente, acalorado.
Anerobio, *por* anaerobio.
Antidiluviano, *por* antediluviano.
Aprensionarse, *por* impresionarse, preocuparse.
Armónium, *por* armonio.
Asequible (aplicado a personas), *dígase:* accesible, tratable.

Bajo esta base, *por* sobre esta base.
Barajear, *por* barajar.
Bastardeamiento, *por* degeneración, bastardía.
Boomerang, *por* bumerán.

Careado, *por* cariado.
Carnecería, *por* carnicería.
Carrillón, *por* carillón.
Coloridad, *por* color.
Conexionar, *por* conectar, ligar, enlazar.
Congregacionista, congreganista, *por* congregante.
Consagrar, *por* dedicar, emplear, destinar, aplicado a cosas vulgares: *Consagrar muchas horas al tocador.*
Contusionar, *por* contundir.
Crac, *por* quiebra comercial.
Cursar, *por* correr, regir: *el día cinco del que cursa.*

Dentrífico, *por* dentífrico.
Despacientarse, *por* impacientarse.
Dintel, *por* umbral.
Dislacerar, *por* dilacerar.
Disgresión, *por* digresión.

Echar a faltar, *por* echar de menos.
Entreno, *por* entrenamiento.
Espectación, *por* expectación.
Espectante, *por* expectante.
Espúreo, *por* espurio.
Excéptico, *por* escéptico.
Expiración, *por* espiración.
Expontáneo, *por* espontáneo.
Extricto, *por* estricto.

Fraticida, *por* fratricida.
Fustrar, *por* frustrar.
Fuertísimo, *por* fortísimo.

Inflingir, *por* infligir e infringir.
Influenciar, *por* influir.
Insaluble, *por* insalubre.

Las más de las veces, *por* las más veces.
Líbido, *por* libido.
Linóleum, *por* linóleo.

Metereología, *por* meteorología.

Miosotis, *por* miosota.
Negocios, *por* asuntos.
No poder por menos de..., *en vez de* no poder menos de...

Objección, *por* objeción.

Parece ser que, *por* parece que, al parecer.
Picia, *por* pifia.
Prespectiva, *por* perspectiva.
Producirse, *por* ocurrir. (Ejemplo: *Si se produce un fracaso,* por *si ocurre un fracaso* o *si se fracasa.*

Quermese, *por* kermés, quermés, verbena.

Requisicionar, *por* requisar.

Saberle mal (a uno una cosa), *por* disgustarle, desagradarle, sentirla.
Sendo, *por* grande, desmesurado.
Si que también, *por* pero también.

Verdad, *en vez de* liquidación verdad, *dígase* liquidación de verdad.

Galicismos

Abordable, *por* accesible, tratable.
Acordar, *por* otorgar, conceder.
Afeccionado, *por* querido, amado, aficionado.
Afeccionarse, *por* tener afecto, querer.
Aliaje, *por* mezcla, unión o liga.
Alibi, *por* coartada.
Alibufero, *por* estoraque.

Amateur, *por* aficionado, apasionado.
Antiguo, *en vez de* que fue; por ej.: el que fue ministro de Sanidad (*l'ancien ministre de la Santé publique*).

Bajo este punto de vista, *por* desde este punto de vista.
Bajo este aspecto, *por* en este aspecto.

Bajo cualquier pretexto, *por* con cualquier pretexto.

Bajo qué condiciones, *por* en qué condiciones.

Bajo la aprobación, *por* con la aprobación.

Bella edad, *por* edad florida.

Bello (hacer el), *por* pavonearse, pompearse.

Bellos años, *por* la flor de la edad.

Bibelot, *por* muñeco, muñeca, figurilla, bujería, juguete.

Bizarría, *por* extravagancia, capricho.

Boulevard, *por* bulevar.

Boutique, *por* tienda, tienda de modas.

Brevet, *por* patente, privilegio de invención.

Brodequín, *por* borceguí.

Broderí, *por* brocado, encaje fino.

Brusco, *por* arrojado, precipitado, impetuoso.

Bufet, *por* bufé, refresco, merienda, convite.

Canard, *por* bola, embuste, noticia falsa.

Carnet, *por* carné.

Coaligar, *por* coligar.

Complaciente, *por* lisonjero, cortés, indulgente. Ejemplo: *Marido complaciente.*

Concebir, *por* redactar, expresar, contener. (*Una carta concebida en los siguientes términos.*)

Concurrencia, *por* competencia, rivalidad.

Concurrente, *por* competidor, rival.

Conspuir, *por* rechazar, vilipendiar, mofar, despreciar.

Constelado, *por* estrellado, lleno de estrellas.

Constelar, *por* cubrir, llenar.

Consumación, *por* consumición.

Contentamiento, *por* conformidad. (*Persona de fácil contentamiento.*)

Continuar, *por* conservar, mantener. (*Se le continuó en su empleo.*)

Contrafacción, *por* falsificación, imitación, contrahechura.

Contrafactor, *por* contrahacedor.

Coqueluche, *por* tos ferina.

Coserí, *por* charla o conversación amena.

Crepé, *por* añadido (pelo postizo).

Creyón, *por* carboncillo de dibujar.

Crinolina, *por* miriñaque.

Champagne, *por* champaña, champán.

Desapercibido, *por* inadvertido. El verdadero sentido es *desprevenido, desprovisto.*

Desplazado, *por* fuera de lugar, extraño.

Desplazar, *por* destituir.

Desuetud, *por* desuso.

Distanciado, *por* rezagado.

Dulcemente, *por* suavemente, poco a poco.

Efracción, *por* fractura.

Élite, *por* elite.

Entente, *por* acuerdo, convenio, pacto.

Entrecote, *por* entrecuesto, solomillo, chuleta.

Entrefilete, *por* suelto en un periódico.

Establecer, *por* fijar, instalar, extender, etc.[1]

Estudiado, *por* fingido, afectado, amanerado.

Fantasía, *por* antojo, capricho, talante, arbitrio, voluntad.

Flanear, *por* vagar, callejear.

Folletón, *por* folletín de un periódico.

Fuete, fuetazo, por látigo, latigazo.

Garage, *por* garaje.

Golpe de teléfono, *por* telefonazo, llamada telefónica *(coup de téléphone).*

Jugar un papel, *por* desempeñar un papel.

Más pronto o más tarde, *por* tarde o temprano, más tarde o más temprano.

Mástic, *por* mástique, masilla.

Muguet, *por* muguete.

Orfelinato, *por* orfanato.

Parvenú, *por* advenedizo.

---

1. Es sumamente reprensible traducir sistemáticamente **établir** por *establecer.* Este verbo puede traducirse como sigue:

Établir sa résidence à Paris = Fijar su residencia en París.

Établir un camp = Instalar un campamento.

Établir un tribunal = Instituir un tribunal.

Établir un compte = Extender una cuenta.

Établir un principe = Enunciar un principio.

Cet abaque a été établi par les Laboratoires du bâtiment = Este ábaco ha sido compuesto por los *"Laboratoires du bâtiment".*

Jusqu'à ce jour il paraît établi que la faune, etc. = Hasta ahora parece probado que la fauna, etc.

Une brise fraîche s'établit de neuf heures à dix-sept heures = De las nueve de la mañana a las cinco de la tarde sopla una brisa fresca.

Il s'agit de faits tout à fait établis = Se trata de hechos completamente probados *(o admitidos).*

Pasable, *por* pasadero, mediano, aceptable.
Patuá, *por* dialecto, jerga.
Penible, *por* penoso.
Platabanda, *por* arriate.
Pórfiro, *por* pórfido.
Pose, *por* posición, postura, actitud.
Producir, *por* ocurrir, causar, etcétera.

> Por ejemplo: *El accidente se produjo a las diez* en vez de *El accidente ocurrió a las diez. Los daños producidos,* en vez de *Los daños causados.*

Parquet, *por* parqué.
Puf, *por* adorno, taburete.

Rastacuero, *por* vividor o advenedizo.
Remarcable, *por* notable, señalado, sobresaliente.

Reprise, *por* reposición, repetición, continuación.
Restaurant, *por* restaurante.
Retardatario, *por* atrasado, retrasado, rezagado, retrógrado.

Saliente, *por* sobresaliente, notable, culminante.
Sin retraso, *por* sin demora.

Tierra mueble, *por* tierra muelle o floja.
Tiraje, *por* tirada, tiro.

Usina, *por* fábrica.

Vestón, *por* americana, chaqueta.
Vetilla, *por* fruslería, pequeñez, nadería, insignificancia.
Vis a vis, *por* frente a frente, respecto a (o de).

Yoghourt, *por* yogur.

Algunos traductores del francés cometen a menudo el error de calcar las expresiones y escriben:

Viene de partir en vez de *Acaba de irse.* (En francés: *Il vient de partir.*)

Lo más posible en vez de *Todo lo posible* (*Le plus possible*).

Una discusión profundizada en vez de *Una discusión a fondo* (*Une discussion approfondie*).

Ser extraño a un asunto en vez de *No tener parte en un asunto, no saber nada de él* (*Être étrange à un affaire*).

Se vaciló en acordar los gastos necesarios en vez de *Se vaciló en consentir en los gastos necesarios* (*On hésita à accorder les frais nécessaires*).

Hacer el menaje en vez de *Arreglar la casa* o *cuidarse de la casa* (*Faire le ménage*).

El antiguo señor de Francia en vez de *El que fue señor de Francia* (*L'ancien maître de la France*).

Es un hombre de débiles facultades en vez de *Es hombre de escasas facultades* (*C'est un homme de faibles facultés*).

En defecto de bienes de fortuna, tenía su juventud en vez de *A falta de bienes de fortuna, tenía su juventud* (*À défaut de biens de fortune, elle avait sa jeunesse*).
Un médico de hierba en vez de *Un médico en cierne* (*Un médecin en herbe*).
Coloque a los jugadores de manera a evitar que los mejores se eliminen entre sí en los primeros encuentros en vez de *Coloque a los jugadores de manera que los mejores no se eliminen entre sí...* (*Placez les joueurs de façon à éviter que les meilleurs s'eliminent entre eux dès les premières rencontres.*)
Los hombres graves, inclinándose sobre sus años lejanos... en vez de *Los hombres graves, rememorando sus años lejanos...* (*Les hommes graves, se penchant sur leurs lointaines années...*)
Si existió jamás una ciudad que se inclinase tiernamente hacia un hijo adoptivo... en vez de *Si existió jamás una ciudad que atendiese cariñosamente a un hijo adoptivo...* (*Si jamais une ville se pencha tendrement sur l'un de ses fils d'adoption...*)
Estos aparatos han aparecido hacia 1904... en vez de *Estos aparatos aparecieron hacia 1904...* (*Ces engins ont fait leur apparition vers 1904*).
En lo que concierne a los vehículos de caja basculante, hay que, etcétera, en vez de *En cuanto a los vehículos de caja basculante*, etc. (*En ce qui concerne les véhicules à benne basculante, il y a lieu*, etc.)
No hablemos ya de los que traducen *meule de paille* por *muela de paja*, *jument* por *jumento*, *pelouse* por *pelusa*, etc. (sic).

Anglicismos

Bitter, *por* bíter.

Buldog, *por* perro alano o de presa.

Clipper, *por* clíper.

Dopar, *por* drogar.

Film, *por* filme.
Folklore, *por* folclor, folclore.

Jugar su parte, *por* representar o hacer su papel.

Meeting, *por* mitin.

Nurse, *por* niñera, ama, nodriza, enfermera.

Nylon, *por* nilón, nailon.

Pedigree, *por* pedigrí.

Picle, *por* encurtido.

Picnic, *por* jira, partida de campo.

Pudding, *por* budín, pudín.

Smoking, *por* esmoquin.

Sandwich, *por* emparedado, bocadillo.

Sport, *por* deporte.

Standard, *por* estándar.

Es también galicismo y anglicismo el empleo innecesario del artículo indeterminado *un, una:*

Fue no sólo UN *arquitecto muy capaz, sino* UN *escultor y* UN *músico notable. Antiguamente fue* UN *hospital para peregrinos.* UN *hermoso ejemplo de churriguerismo.* UNA *hermosa fachada clásica.*

Puede muy bien cualquiera llegar a ser un gran hombre sin estar dotado de UN *talento ni de* UN *ingenio superior, con tal que tenga valor,* UN *juicio sano y* UNA *cabeza bien organizada.*

Los dos estaban charlando como UNOS *buenos amigos.*

Un día vimos pasar a Isabel en UN *automóvil.*

Todos los regalos se exponían en UNAS *grandes mesas, en una sala del piso alto.*

Escogió un vestido con UNA *chaqueta ajustada y* UNA *falda tableada.*

Asimismo lo es la repetición innecesaria del artículo determinado: LOS *jefes,* LOS *oficiales y* LOS *soldados combatieron con valor.*

Constituye igualmente un extranjerismo el decir: *Es por esto por lo que decimos,* o *Por esto es por lo que decimos,* en vez de: *Por esto decimos...*

Los traductores del inglés, igual que los del francés, suelen también traducir demasiado literalmente:

En aquel colegio, los estudiantes tienen pocas, pero preciosas diversiones, en vez de *En aquel colegio, los estudiantes tienen muy pocas diversiones (In that college, the students have precious little sport).*

El cloro se substituye por hidrógeno en vez de *Se pone cloro en lugar de hidrógeno,* o *Se substituye por cloro el hidrógeno (Chlorine is substituted for hydrogen).*

¿Ha tenido usted buen tiempo? en vez de *¿Se ha divertido usted?* o *¿Lo ha pasado usted bien? (Have you had a good time?)*

Después de enunciar Evans esta teoría, que ya hemos discutido en el párrafo 29... en vez de *Después de enunciar Evans esta teoría, de la que ya hemos hablado en el párrafo 29... (After Evans brought forward this theory, which we have already discussed in paragraph 29...).*

En general, una absoluta falta de cualquier género de prodigalidad era regla de familia en vez de *En general era regla de familia no excederse en nada (In general, a complete absence of any kind of lavishness was the family rule).*

A través de los trabajos de Dawson se sabe que... en vez de *Por los trabajos de Dawson se sabe que... (Through the work of Dawson it is known that...).*

Aplastantes reducciones en vez de *Rebajas ruinosas (Smashing reductions).*

Les dieron grandes baúles de lino de Dunfermline en vez de *Les regalaron grandes baúles de ropa blanca de Dunfermline (The were given large chests of linen from Dunfermline).*

Él poseía los modales más bellos, fáciles y amables, en vez de *Sus modales eran de los más finos, naturales y amables (He had the nicest, easiest, most friendly of manners).*

Más tarde, luces de aceite y de gas substituyeron a las verdaderas bujías, en vez de *Más tarde, luces de petróleo,* etc. *(Later, oil and gas flames were substituted for real candles).*

El comandante, sentado en un gabinete de tono oscuro, no advirtió que Elena le estaba observando con divertida sonrisa, en vez de *El comandante, absorto en sus pensamientos, no advirtió,* etc. *(The Commandant, in a brown study, did not note that Helen's eyes were resting on him with an amused smile.)*

Pobreza de vocabulario

Citamos la gramática de la Academia:

«Por desconocer la exquisita filosofía y el genio e índole del castellano, suele decirse: *me ocupo de mis hijos, de las bellezas del Quijote, de cazar, de política, de pasear, de Historia, de leer a Fr. Luis de Granada, etc.* Lo procedente y castizo es: *cuido de mis hijos, me preocupa la educación, la suerte o la salud de mis hijos; me consagro todo a mis hijos; vivo para mis hijos únicamente, etc.; estudio, considero, estoy aprendiendo las bellezas del Quijote; cazo; me dedico a la política, entiendo en los negocios públicos; paseo; trato o escribo de Historia; leo a Fr. Luis de Granada,* etcétera.

»Algo parecido sucede con el verbo *hacer.* Dícese bien *hacer memoria de esto o aquello; hacer relación de un pleito,* etc.; pero van fuera de todo razonable discurso los que estampan solecismos como los de *hacerse ilusiones,* por *forjarse ilusiones o quimeras, alucinarse, soñar despierto,* etcétera; *se nos hace el deber de esto o aquello,* por *es nuestro deber, es nuestra obligación, nos cumple esto o aquello; hacer el amor,* por *galantear, enamorar, cortejar, obsequiar; hacer furor,* por *alborotar, entusiasmar al auditorio; hacer política, hacer atmósfera, hacer país,* por *de-*

dicarse a la política, echar a volar una especie, encaminar la opinión; crear, restaurar, regenerar un pueblo.»

Evítense las repeticiones

En vez de: «Por *lo menos hazlo* por *mí*», dígase: «*A lo menos hazlo por mí*».

» «*Comisionó a su secretario* para que *recogiera a las niñas, previa carta a la directora* para que *no opusiera reparos*», dígase: «*...a fin de que no opusiera reparos*».

» «*Por esto,* precisamente, *es* preciso *que te levantes pronto*», dígase: «*...es necesario, o es menester, o conviene que te levantes pronto*».

» «*Era una cosa tierna y débil* que *había* que *querer con mucho cariño*», dígase: «*...que se había de querer con mucho cariño*».

» «*Se ocultó* detrás del *tronco* de *un árbol*», dígase: «*Se ocultó tras el tronco de un árbol*».

» «Pero *Luis jamás acusó a Pedro;* pero *en aquellas circunstancias...*», dígase: «*...mas en aquellas circunstancias...*».

» «*Una vez rota la cuerda, era* imposible poder *ayudarlos*», dígase: «*...era imposible ayudarlos*».

» «*Las contradicciones que resulten* se resolverán *por sí mismas, y si no* se resuelven, *quedará demostrada la imposibilidad del sistema*», dígase: «*...y si así no ocurre, quedará demostrada...*».

» «*Alberto se esforzaba por* oír *lo que allí decían, pero sólo pudo* oír *un apagado rumor confuso*», dígase: «*...pero sólo pudo percibir un apagado rumor confuso*».

» «*Como deseaba enterarse si le traían el pes-*

cado a casa o iba ella a BUSCARLO, BUSCÓ *un pretexto para interrogarla*», dígase: «...*ideó un pretexto para interrogarla*».

¡Cuidado con las cacofonías!

En vez de: «Se debía a que est*ando* una noche bail*ando* con su marido...», dígase: «Se debía a que mientras bailaba una noche con su marido...».
» «El día de la inaugura*ción* de la exposi*ción* del ya famoso pintor...», dígase: «El día que fue inaugurada la exposición del ya famoso pintor...».
» «Cuando se anunciaba la victoria sobre la más inexpugnable fortal*eza* de la Natural*eza*...», dígase: «...el más inexpugnable reducto de la Naturaleza...».
» «En el hoci*no no* se veía nada», dígase: «Nada se veía en el hocino».
» «Se oía en el gollizo el armonio*so so*nido de las aguas», dígase: «...el armonioso fluir de las aguas...».
» «Los alimen*tan tan*to, que son los más gordos del lugar», dígase: «Aliméntanlos tanto...».

Evítense las anfibologías

En vez de: «Prometió visitarme anteayer», dígase: «Anteayer prometió visitarme», o «Prometió que anteayer me visitaría».
» «Entre los historiadores de arte de hoy...», dígase: «Entre los actuales historiadores de arte...».
» «Pedro fue a visitar a Luis en su coche», dígase: «Pedro fue en su coche a visitar a Luis»,

— 106 —

o «Pedro fue a visitar a Luis en el coche de éste».

En vez de: «La señora determinó concurrir con su marido al festín que le habían preparado», dígase: «...al festín que habían preparado para ella».

» «Cuando Simón se casó con Águeda, sus hijos lo llevaron a mal», dígase: «...los hijos de ésta...» (si se trata de los de Águeda), o «...los hijos de aquél...» (si se trata de los de Simón).

» «He aquí el retrato de la reina, cuya historia ya conoces», dígase: «He aquí el retrato de la reina, retrato cuya historia ya conoces».

» «Ha sido forzoso dejar al enemigo en rehenes al conde», dígase: «El conde ha sido dejado por fuerza en rehenes al enemigo».

La obscura oración siguiente: «Un vaho apetitoso escapaba de una trepidante tapadera que el vapor de lo que cubierto por ella hervía levantaba irregularmente», queda aclarada como sigue: «Un vaho apetitoso escapaba de una trepidante tapadera que levantaba irregularmente el vapor de lo que hervía bajo ella».

En el ejemplo siguiente: «Lidia corrió escaleras arriba para poner en conocimiento de tía María lo que pasaba. Le diría primero que había llegado su hermano, y que había llegado en compañía de su hermana Leticia», el hermano y la hermana tanto pueden ser de Lidia como de tía María. Por lo tanto pondremos: «...Le diría primero que había llegado Jorge (que por el contexto sabemos que es hermano de Lidia), y que había llegado en compañía de tía Leticia (hermana de tía María)».

Hipérbaton

El sentido de una oración cambia a veces al invertir los vocablos. No es lo mismo: *Luis acarició sus cabellos desordenados* que *Luis acarició sus desordenados cabellos.* En el primer caso, Luis acaricia sólo los cabellos desordenados, y en el segundo acarició todo el cabello, que estaba en desorden.

Tampoco es lo mismo: *Leyó las inscripciones en oro sobre las losas blancas* que *...sobre las blancas losas.* En el primer caso leyó las inscripciones sólo de las losas blancas (lo cual implica que había losas de otros colores), y en el segundo leyó las inscripciones de todas las losas, que eran blancas.

No es igual: *Lejos de agriarse con la envidia gozan con la felicidad ajena de todo corazón* que *...gozan de todo corazón con la felicidad ajena.*

Es distinto: *En cambio, Pedro, no sabemos si volverá* de *En cambio, no sabemos si Pedro volverá.*

También es distinto: *Aquí puede decirse que no habías estado nunca* de *Puede decirse que no habías estado nunca aquí.*

No es lo mismo: *Después apoyó la frente en el mármol frío* que *...en el frío mármol.*

Es diferente: *Cuando los hombres encuentran a una mujer bonita* de *Cuando los hombres encuentran bonita a una mujer.*

También es diferente: *La caravana alcanzó la cima nevada* de *...la nevada cima.*

Y, por último, he aquí tres oraciones que cambian de sentido al cambiar de lugar el adverbio *también:* «Su hermano habló también del accidente», «Su hermano también habló del accidente», «También su hermano habló del accidente». En el primer caso debe entenderse que el hermano habló de varias cosas y también del accidente. En el segundo se entiende que otros habían hablado del accidente antes que el hermano. En el tercero se significa que, además de otras pláticas de la concurrencia, el hermano intervino en el asunto del accidente.

Tautología

Se incurre en tautología al repetir un mismo pensamiento de distintas maneras, como: *Reincidió por segunda vez en el crimen* (en vez de: *Reincidió en el crimen*). — *Volvió a repetirse* (en vez de: *Se repitió*). — *Parece verosímil* (en vez de: *Es verosímil* [el vocablo *verosímil* significa por sí mismo: *parece verdadero*]). — *No volvimos a recobrar el sosiego,* en vez de: *No pudimos recobrar el sosiego* (*recobrar* significa *volver a adquirir*).

He aquí otra tautología: «*Ésta es la principal razón* DEL PORQUÉ *se ha abandonado la forma aguda de los barcos*». El substantivo *porqué* significa *causa, razón, motivo,* y, por lo tanto, *la razón del porqué* equivale a *la razón de la razón.* Debía, pues, haberse escrito: «*Ésta es la principal razón de haberse abandonado...* o también *Ésta es la principal razón por la cual se ha abandonado...*».

"Uno mismo" y "el mismo"

Si decimos: «*La Biblia prohíbe que el buey y el caballo sean uncidos al mismo yugo*», cabe preguntar ¿al yugo de quién?, porque *al mismo* parece indicar que se ha hablado o se hablará de un yugo. Como no es éste el caso, lo correcto es decir: *...uncidos a un mismo yugo,* con lo cual queda excluida toda referencia respecto a la palabra *yugo.*

Asimismo si decimos: «*Ambos comen en la misma mesa*» podemos preguntar ¿en la mesa de quién?, porque *la misma* indica que es la mesa de otra u otras personas. Así, cuando se quiera designar una mesa de que no existe ninguna referencia, lo correcto es «una misma mesa» y diremos: *Ambos comen en una misma mesa.*

"Deber" y "deber de"

Deber indica obligación y *deber de* expresa duda. Si queremos decir, por ejemplo, que el Director tiene la obligación de venir hoy a la oficina, nos expresaremos así: *El*

Director debe venir esta tarde a su despacho (por reclamar su presencia un asunto ineludible); pero si queremos decir que sólo es probable que el Director venga hoy (porque a veces falta por la tarde), lo correcto es: *El Director debe de venir esta tarde.*

Otro ejemplo: — *¿Dónde está el martillo? El martillo* DEBE DE *estar en el cajón de las herramientas, que es donde* DEBE *estar.*

"Sino" y "si no"

Sino es una conjunción adversativa que enlaza dos oraciones, la segunda de las cuales indica oposición o contrariedad respecto a la primera; por ejemplo: *Este lápiz no es rojo, sino azul. No estudia la lección, sino que está jugando una partida de dominó.*

Ahora bien, quien escribió: «*Sentado en un diván, intentaba, sino dormir, por lo menos amodorrarse*», empleó mal la conjunción *sino*, porque no había de expresar ni oposición ni contrariedad; debía expresar una concesión mediante la conjunción *si*. Por lo tanto, lo correcto es: *...intentaba, si no dormir, por lo menos amodorrarse.*

Asimismo, en el ejemplo siguiente: *¿Quién prodiga al presunto criminal tales elogios de bravura, sino de heroísmo?*, la conjunción *sino* es inadecuada, puesto que la idónea es la concesiva *si*. Lo correcto es: *...si no de heroísmo?*

Póngase mucho cuidado al hacer el alojamiento del testero, pues sino los tornillos no entrarán (en lugar de: *...testero, pues, si no,* etc.); en vez de la adversativa *sino*, hay que poner *si no (pues, si no se pone cuidado, los tornillos no entrarán).*

En cambio, cuando denota excepción es adecuada la conjunción *sino: Nadie ha dicho eso sino tú. ¿Quién sino el propio rey podía hacer la entrega al heredero?*

Debe evitarse el galicismo que consiste en usar la conjunción *que* en lugar de *sino: No tiene otro medio de influir en ella que acudiendo a su madre (...sino acudiendo a su*

— 110 —

madre). No cree haber contado que una divertida anécdota (...sino una divertida anécdota).

¡Cuidado con el vocablo "que"!

A veces se omite indebidamente la conjunción *que:*
En vez de: *Este punto parece fue discutido entre él y ella,*
  dígase: *...parece que fue discutido...*
» *Suplicaba a Dios le inspirara una buena idea,*
  dígase: *...que le inspirara...*
» *Creo no os será difícil quererla,* dígase: *Creo que no os será...*
» *Pero me dijo iba a ayudarme a empaquetar,* dígase: *Pero me dijo que iba a...*

A veces se emplea la conjunción *conque* en vez de *con que* (preposición y pronombre). *Conque* denota una consecuencia, y *con que* equivale a *con el cual* o *con la cual*, de modo que es fácil evitar la confusión:

Conque: Siempre te ha tratado mejor de lo que te merecías; conque ya es hora de que le demuestres tu agradecimiento.
Con que: Era el premio a la abnegación con que había asumido el papel de madre. — La cariñosa voz con que pronunció aquellas palabras...

Asimismo se emplea la conjunción *porque* en vez de *por que* (preposición y pronombre) y se dice: *En la ruda prueba porque pasaba recordaba constantemente los consejos de su padre.* Si se substituye el pronombre *que* por el pronombre *el cual*, se evita fácilmente el error: *En la ruda prueba por que* (o *por la cual*) *pasaba...*
También suele confundirse la conjunción *porque* con *por qué* (preposición y pronombre investigativo) y se dice: *El rey alcanzó su meta sabe Dios porque tortuosos caminos,* en vez de: *...por qué* (equivalente a *por cuáles*) *tortuosos caminos. — Me pregunto porque lo hace,* en vez de: *Me pregunto por qué lo hace.*

No debe ponerse artículo entre la preposición *en* y el pronombre *que:*

En vez de: *Es una reliquia de aquella época en la que la vida dependía de la destreza,* dígase: *...época en que...*

El que y el cual

En vez del pronombre *que* póngase *el cual* o *la cual* cuando le preceda una preposición bisílaba o una locución equivalente a una preposición:

En vez de: *Divisábase un friso de árboles de entre los que se elevaba una columna de humo,* dígase: *...de entre los cuales...*
» *El sendero le llevó a un álveo allende el que había un escobo más denso,* dígase: *...allende el cual...*
» *La encina debajo de la que reposaba...,* dígase: *debajo de la cual...*
» *Reinó un silencio durante el que Luis temió que le delataran los latidos de su corazón,* dígase: *...durante el cual...*
» *En el jardín había un gran lago, en medio del que se hallaba una boya,* dígase: *...en medio del cual...*
» *Otro sitio predilecto era un cerrillo desde el que podíamos contemplar un vasto panorama,* dígase: *...desde el cual...*
» *...por encima de la que...,* dígase: *...por encima de la cual...*
» *...para los que...,* dígase: *...para los cuales...*

Quizá y quizás

Por razón de eufonía, podría emplearse *quizá* cuando el vocablo siguiente empezase por consonante (por ejemplo: *quizá llueva mañana. Quizá venga esta tarde*) y *quizás* cuando la palabra siguiente empezase por vocal (por ejemplo: *Quizás ella lo sepa. Quizás entre por la puerta trasera*).

Concordancias defectuosas

Es incorrecto hacer concordar dos adjetivos de índole distinta con un mismo substantivo, como en los casos siguientes: *El relieve de la litosfera fue tomado en el conjunto de la superficie emergida y sumergida. Los sondeos efectuados en el Atlántico equinoccial y austral, etc. De esta forma aparece en la parte delantera y posterior el mismo dibujo.*

Como una superficie no puede ser simultáneamente *emergida y sumergida*, como el Atlántico no es a un mismo tiempo *equinoccial y austral*, y como una parte no es *delantera y posterior* a un mismo tiempo, lo adecuado será representar cada substantivo por un pronombre delante del segundo adjetivo, y así diremos: *El relieve de la litosfera fue tomado en el conjunto de las dos superficies, la emergida y la sumergida. Los sondeos efectuados en el Atlántico equinoccial y en el austral, etc. De esta forma aparece en la parte delantera y en la posterior el mismo dibujo.*

Otra forma de concordancia defectuosa es, por ejemplo, poner *un alma, un agua, esté agua*, etc., como hemos visto algunas veces. Si bien se dice *el agua, el alma*, para evitar el encuentro de dos *a* fuertes o acentuadas, como resultaría de escribir *la agua, la alma*, no hay inconveniente en que se encuentren una *a* débil, o no acentuada, y otra fuerte, como en *una alma, una agua, esta agua*, etc. En efecto, en *una* y *esta* la *a* es débil porque el acento se carga en la primera sílaba de ambos vocablos.

Omisión del artículo

A veces, la omisión del artículo puede dar lugar a equívoco; por ejemplo: «Los blancos y negros acudieron a la orilla del lago a la hora convenida.» Si uno lee esta oración aislada, puede comprender que los que acudieron a la orilla del lago fueron unos individuos que, por ejemplo por su modo de vestir, podían designarse como «blancos y negros». Pero como los que acudieron fueron los individuos blancos que se hallaban en el país, así como los indígenas, que eran negros, será más correcto decir: «Los blancos y los negros acudieron a la orilla del lago a la hora convenida.»

Algo sobre los modismos

Los modismos son locuciones propias de una lengua, que con frecuencia no se ajustan a las reglas gramaticales y no pueden traducirse literalmente a otra lengua. Así, por ejemplo, *creer una cosa* A PIE JUNTILLAS significa creerla firmemente, y la locución A PIE JUNTILLAS no es correcta gramaticalmente. La expresión VERSE Y DESEARSE UNO, que significa costarle mucho trabajo ejecutar o conseguir una cosa, carece en absoluto de lógica y, traducida literalmente, resultaría ininteligible.

Hay en castellano millares de modismos, y para emplearlos debidamente es preferible consultar un buen diccionario de la lengua.

VERBOS

Verbos transitivos o activos. — Son los que expresan una acción que se transmite del sujeto (el que la ejecuta) al objeto (el que la recibe directamente, mediando o no preposición); v. gr.: *Jaime I conquistó Valencia. Luisa escribe una carta. Hay que escuchar los dictados de la conciencia.*

Los verbos *conquistar, escribir* y *escuchar* son transitivos en estos casos, porque se conquista algo, se escribe algo y se escucha algo.

Verbos intransitivos o neutros. — Son aquellos cuya significación no pasa o se transmite de una persona o cosa a otra; como *nacer, morir, dormir, respirar.* Ejemplos: *Los gatitos ya han nacido. Su abuelo murió. Pedro duerme. Luis respira.*

Pero si decimos *Pedro duerme a su hijo, Luis respira un aire puro,* la significación de *dormir* y *respirar* no se cumple en el mismo sujeto. La acción de *dormir* recae en el hijo de Pedro, y la de *respirar* recae en un aire puro. Ambos verbos han dejado, por lo tanto, de ser intransitivos.

De suerte que los verbos no son transitivos o intransitivos de una manera absoluta, sino que son una cosa u otra según como se emplean. Otro ejemplo lo tenemos en el verbo *telefonear.* Si lo empleamos en la acepción de *comunicar por teléfono con alguien,* es intransitivo; por ejemplo: *Jorge telefonea en este momento. Ernesto telefonea a su novia.*

En el último ejemplo, *su novia* no es complemento directo, porque una muchacha no puede ser telefoneada, sino que se telefonea *a ella*.

En la acepción de *comunicar algo (sirviéndose del teléfono), telefonear* es transitivo; por ejemplo: *El corresponsal telefoneó la noticia a su periódico.*

En lo que concierne, pues, a los pronombres de tercera persona, lo correcto es: *¡Telefonéele!* (a ella), porque, lo repetimos, *ella* no puede ser telefoneada, sino que se telefonea *a ella*.

El infinitivo en las oraciones de pasiva con "se"

Si se dice:
Se oyen sonar las campanas
Se ven arder las casas
parece que debiera decirse:
Se desean obtener las sustancias
Se necesitan emplear presiones altas, etc.,
pero el caso no es el mismo, porque, en los dos primeros ejemplos, *las campanas* y *las casas* son sujetos, respectivamente, de *sonar* y *arder (se oyen las campanas sonar, se ven las casas arder)*, mientras que, en los ejemplos siguientes, *sustancias* y *presiones altas* no son sujetos, sino complementos del infinitivo que precede.

Por lo tanto, en las oraciones últimas, el verbo que precede al infinitivo debe ponerse en singular, pues concuerda con el pronombre indefinido *se*, que es el sujeto de la oración. Lo correcto es: *Se desea obtener las sustancias, Se necesita emplear presiones altas*, donde *obtener* y *emplear* son complemento del verbo que los precede, y *las sustancias* y *presiones altas* lo son del infinitivo que les corresponde.

Ahora bien, hay algunos verbos, como *poder, querer, deber, dejar, mandar, soler,* que forman locución con el infinitivo que los sigue; le agregan la idea de *posibilidad, voluntad, deber, permisión, mandato, costumbre,* y concuerdan en plural si el acusativo está en plural y designa objetos o personas consideradas como objeto; por ejemplo:

Se pueden alquilar disfraces
Se suelen cantar coplas de moda
No se deben admitir más espectadores
No pudieron adquirirse los informes.

Un medio para conocer si un infinitivo no forma locución con el verbo que lo precede consiste en poner el artículo *el* antes del infinitivo, suponiendo que éste lo admita; por ejemplo:
Se permite (el) tener abiertos los cafés toda la noche.
Se prohíbe (el) fijar carteles.
Se consigue (el) elevar los rendimientos.

A propósito de la pasiva con «se» recordaremos que los verbos concuerdan en plural cuando el substantivo está en plural, excepto cuando éste se introduce con la preposición *a:*
Se venden patatas
Se han suspendido los cursos
Se elogia a los hombres virtuosos
Se censuró a los infractores.

Imperativos erróneos

Con frecuencia se emplea el infinitivo en lugar del imperativo:
¡Casaros!, en vez de *¡Casaos!*
¡Quedaros!, en vez de *¡Quedaos!*
¡Despejar!, en vez de *¡Despejad!*
¡Acercaros!, en vez de *¡Acercaos!*
¡Reíros!, en vez de *¡Reíos!*

Cuando el pronombre *os* se emplea como sufijo con las segundas personas del plural del imperativo, pierden estas personas su *d* final. Así, *detenedvos* se convierte en *deteneos*, *casadvos* en *casaos*, *acercadvos* en *acercaos*, *reídvos* en *reíos*.

El infinitivo estará bien en los ejemplos siguientes: *De-*

béis casaros mañana mismo. No debéis acercaros demasiado. Al reíros no abráis demasiado la boca.

Asimismo, se usa a veces el infinitivo, en vez del subjuntivo, para prohibir o disuadir, y se dice: *¡no subir!, ¡no gritar!*, en vez de *¡no subas!* (o *¡no subáis!*, o *¡no suba usted!*), *¡no grites!* (o *¡no gritéis!*, o *¡no grite usted!*).

Tiempo indebido

En las traducciones del francés se comete con frecuencia el error de poner en pretérito perfecto lo que, en buen castellano, ha de ser en pretérito indefinido:

Se dice, por ejemplo: *Tres años antes, se han reunido en este día 20 de junio los representantes del pueblo en la sala del «Jeu de Paume»*, en vez de: *...se reunieron...*

También: *Ha habitado aquí, durante los años del rococó, el hermano del rey*, en vez de: *Habitó aquí...*

Concordancia con el predicado

Según el diccionario, el predicado, en una oración, es lo que se afirma del sujeto. Normalmente, si el sujeto está en plural, el verbo debe estar en plural; pero, en los casos citados a continuación, procedentes del Quijote, el verbo concuerda no con el sujeto, sino con el predicado:

Todos los encamisados era gente medrosa.
...si ya no vieres que los que me ofenden es canalla.

Hubiera y hubiese

Al presente de indicativo corresponde el presente de subjuntivo: *Deseo que termine pronto. No creo que persista en su actitud.*

Al pretérito indefinido de indicativo corresponde el imperfecto de subjuntivo: *Deseé que llegara o llegase pronto. No creí que hiciera o hiciese tal cosa.*

Al imperfecto de indicativo corresponde el pluscuamperfecto de subjuntivo: *No deseaba que hubiera o hubiese intentado convencerle.*

No son enteramente equivalentes *hubiera* y *hubiese*, pues es equivocado decir: *Te hubiese llamado si tu padre no hubiera estado allí.* Lo correcto es: *Te hubiera llamado si tu padre no hubiese estado allí,* o también: *Te habría llamado...*

Hubiera y *habría* son, por lo tanto, equivalentes, y la forma *-se* es la verdaderamente subjuntiva.

La forma en *-ra* se usa mucho como equivalente del pluscuamperfecto de indicativo o del pretérito indefinido: *Era Luis, aquel que le adiestrara en el manejo del rifle,* que es como decir: *...aquel que le había adiestrado...*

En lugar de emprender el sendero que poco antes siguiera con Juan..., o sea: *...que poco antes siguió...,* o *...que poco antes había seguido...*

La gramática de la Academia advierte que no debe abusarse de esta forma y cita como reprobable el ejemplo siguiente, en que se emplea tres veces el pretérito imperfecto de subjuntivo: *Filósofos y poetas habían intentado definirla (la Belleza), y ninguno* LOGRARA *hacerlo a gusto de los demás, porque en la misma definición que* HICIERA, ENTRARA *siempre la parte subjetiva, o sea el modo de ser de cada uno.*

La forma en *-ra*, como hemos dicho antes, equivale también al potencial: *¿Quién sospechara jamás que fuera un disparate?,* en que *fuera* es igual a *sería*.

Hubiese y hubiere

Al futuro imperfecto de indicativo debe corresponder el futuro imperfecto de subjuntivo: *Si hubiere alguien en la casa, entraré y le hablaré* (en vez de: *Si hubiese alguien...*).

Para emplearlos correctamente es preciso tener en cuenta que sólo un matiz de tiempo diferencia el pretérito imperfecto de subjuntivo del futuro imperfecto de subjuntivo; ejemplo: *Si estuviese Luis en casa, iría a verle* (en el tiempo en que hablo). *Si mañana estuviese Luis en casa, no cuentes conmigo para la partida* (en un futuro contingente).

Ejemplos: «¿*Quién duda sino que en los venideros tiempos, cuando salga a luz la verdadera historia de mis famosos hechos, que el sabio que los* ESCRIBIERE, *etc.?*» (Quijote, I, II.)

«...*pues nadie se libertó hasta ahora de amar, ni ha de libertarse en lo futuro, mientras* HUBIERE *beldad y ojos que la miren.*» (VALERA, *Dafnis y Cloe.*)

Verbos irregulares

He aquí la lista, por orden alfabético, de los principales verbos con alguna irregularidad; para cada uno de ellos se indica el modelo de conjugación (véase pág. 127).

Tómese, por ejemplo, el verbo *deferir*, que se conjuga según el modelo 28. Pues bien, cada vez que la *e* de *sentir* se cambia en *ie*, como en *siento, sienta*, y la misma *e* se cambia en *i*, como en *sintamos, sintiera, sintió, sintiendo*, se cambiará la segunda *e* de *deferir* en *ie*, como *defiero, defiera*, y, respectivamente, la misma segunda *e* en *i*, como *defiramos, defiriera, defirió, defiriendo*. Asimismo, si tomamos el verbo *mostrar*, que se conjuga según el modelo 8, siempre que la segunda *o* de *concordar* se cambia en *ue*, la *o* de *mostrar* se cambiará en *ue*; por ejemplo: *concuerdo, muestro; concuerden, muestren.*

Téngase en cuenta que no constituyen irregularidad las mutaciones a que obliga, a veces, la Ortografía. Así, no dejan de ser regulares los verbos algunas de cuyas personas mudan la *c* en *qu* o en *z*, o aquellos cuyas personas cambien en *j* la *g*. Tampoco son irregulares los verbos como *raer, creer, caer, oír*, porque en las desinencias que tienen *i* la muden en *y*, como *creyó, rayó, oyendo, cayeron.*

Los que no figuran en esta lista se conjugan según el modelo n.º 1 los terminados en *ar*, según el n.º 2 los terminados en *er*, y según el n.º 3 los terminados en *ir*.

Abastecer	14	Aborrecer	14	Abstraer	60
Ablandecer	14	Abrir	66	Abuñolar	8
Abnegar	4	Absolver	12	Acaecer	14
Abolir	73	Abstenerse	59	Acertar	4

Acollar	8	Apacentar	4	Bienquerer	56
Aclocar	8	Aparecer	14	Bistraer	60
Acomedirse	24	Apercollar	8	Blandir	73
Acontecer	14	Apernar	4	Blanquecer	14
Acordar	8	Apetecer	14	Bruñir	21
Acornar	8	Apostar	8	Bullir	23
Acostar	8	(En la acepción de *hacer apuestas*).			
Acrecentar	4			Caber	38
Acrecer	14	Apretar	4	Caer	39
Adestrar	4	Aprobar	8	Calentar	4
Adherir	28	Arbolecer	14	Carecer	14
Adolecer	14	Arborecer	14	Cegar	4
Adormecer	14	Argüir	31	Ceñir	27
Adquirir	30	Aridecer	14	Cerner	6
Adscribir	68	Arrecirse	73	Cernir	7
Aducir	17	Arrendar	4	Cerrar	4
Advenir	61	(Acepción de *dar o tomar en arriendo y atar por las riendas*).		Cimentar	4
Advertir	28			Circuir	31
Afluir	31			Circunscribir	68
Afollar	8	Arrepentirse	28	Clarecer	14
Aforar	8	Ascender	6	Cocer	10 bis
Agorar	8	Asentar	4	Coextenderse	6
Agradecer	14	Asentir	28	Colar	8
Agredir	73	Asir	37	Colegir	24
Aguerrir	73	Asolar	8	Colgar	8
Ajorar	8	(*destruir; posarse los líquidos*).		Comedir	24
Alentar	4			Comenzar	4
Aliquebrar	4	Asoldar	8	Compadecer	14
Almorzar	8	Asonar	8	Comparecer	14
Alongar	8	Astreñir	27	Competir	24
Altivecer	14	Astriñir	20	Complacer	13
Amarillecer	14	Atañer	18	Componer	55
Amentar	4	Atender	6	Comprimir	69
Amoblar	8	Aterirse	73	Comprobar	8
Amohecer	14	Aterrar (*derribar*)	4	Concebir	24
Amolar	8	Atraer	60	Concernir	7
Amortecer	14	Atravesar	4	Concluir	31
Amover	10	Atribuir	31	Concordar	8
Andar	36	Atronar	8	Condescender	6
Aneblar	4	Avenir	61	Condoler	10
Antedecir	42	Aventar	4	Conducir	17
Anteferir	28	Avergonzar	8	Conferir	28
Anteponer	55	Azolar	8	Confesar	4
Antever	62	Balbucir	16	Confluir	31
		Bendecir	43		

— 121 —

Conmover	10	Derruir	31	Desdecir	42
Conocer	15	Desacertar	4	Desdentar	4
Conseguir	24	Desacollar	8	Desempedrar	4
Consentir	28	Desacordar	8	Desentumecer	14
Consolar	8	Desadormecer	14	Desenvolver	12
Constituir	31	Desadvertir	28	Deservir	24
Constreñir	27	Desaferrar	4	Desfallecer	14
Construir	31	Desaforar	8	Desflocar	8
Contar	8	Desagradecer	14	Desleír	25
Contender	6	Desalentar	4	Deslendrar	4
Contener	59	Desamoblar	8	Deslucir	16
Contradecir	42	Desandar	36	Desmedirse	24
Contraer	60	Desaparecer	14	Desmembrar	4
Contrahacer	47	Desaprobar	8	Desmentir	28
Contraponer	55	Desarrendar	4	Desmerecer	14
Contravenir	61	Desasir	37	Desobedecer	14
Contribuir	31	Desasosegar	4	Desobstruir	31
Controvertir	28	Desatender	6	Desoír	51
Convalecer	14	Desatentar	4	Desolar	8
Convenir	61	Desatraer	60	Desollar	8
Convertir	28	Desavenir	61	Desosar	9
Corregir	24	Desbravecer	14	Despedir	24
Corroer	65	Descabullirse	23	Despedrar	4
Costar	8	Descaecer	14	Despertar	4
Crecer	14	Descaer	39	Desplacer	13
Cubrir	67	Descender	6	Desplegar	4
		Desceñir	27	Despoblar	8
Dar	40	Descerrar	4	Desproveer	71
Decaer	39	Descimentar	4	Desteñir	27
Decentar	4	Descocer	10	Desterrar	4
Decir	41	Descolgar	8	Destituir	31
Decrecer	14	Descollar	8	Destorcer	10
Deducir	17	Descomedirse	24	Destruir	31
Defender	6	Descomponer	55	Desvanecer	14
Deferir	28	Desconcertar	4	Desventar	4
Degollar	8	Desconocer	15	Desvergonzarse	8
Demoler	10	Desconsolar	8	Desvestir	24
Demostrar	8	Descontar	8	Detener	59
Denegar	4	Desconvenir	61	Detraer	60
Denostar	8	Descordar	8	Devolver	12
Dentar	4	Descornar	8	Diferir	28
Deponer	55	Descrecer	14	Digerir	28
Derrengar	4	Describir	68	Diluir	31
Derretir	24	Descubrir	67	Discernir	7

Disconvenir	61	Encandecer	14	Enrarecer	14
Discordar	8	Encanecer	14	Enriquecer	14
Disentir	28	Encarecer	14	Enrojecer	14
Disminuir	31	Encarnecer	14	Enronquecer	14
Disolver	12	Encender	6	Enrudecer	14
Disonar	8	Encentar	4	Ensangrentar	4
Disponer	55	Encerrar	4	Ensoberbecer	14
Distender	6	Encetar	4	Ensolver	12
Distraer	60	Enclocar	8	Ensombrecer	14
Distribuir	31	Encloquecer	14	Ensordecer	14
Divertir	28	Encomendar	4	Entender	6
Dolar	8	Encontrar	8	Entenebrecer	14
Doler	10	Encorar	8	Enternecer	14
Dormir	32	Encordar	8	Enterrar	4
		Encovar	8	Entontecer	14
Educir	17	Encrudecer	14	Entorpecer	14
Elegir	24 bis	Encruelecer	14	Entreabrir	66
Embarnecer	14	Encubrir	67	Entrelucir	16
Embastecer	14	Endentar	4	Entremorir	33
Embebecer	14	Endurecer	14	Entreoír	51
Embellecer	14	Enflaquecer	14	Entretener	59
Embestir	24	Enfranquecer	14	Entrever	62
Emblandecer	14	Enfurecer	14	Entristecer	14
Embobecer	14	Engrandecer	14	Entumecer	14
Embosquecer	14	Engreír	25	Envanecer	14
Embravecer	14	Engrosar	8	Envejecer	14
Embrutecer	14	Engrumecerse	14	Enverdecer	14
Emendar	4	Engullir	23	Envestir	24
Emparentar	4	Enhestar	4	Envilecer	14
Empecer	14	Enlenzar	4	Envolver	12
Empedernir	73	Enloquecer	14	Equivaler	34
Empedrar	4	Enlucir	16	Erguir	44
Empeller	22	Enlustrecer	14	Errar	5
Empequeñecer	14	Enllentecer	14	Escabullir	23
Empezar	4	Enmagrecer	14	Escarmentar	4
Emplumecer	14	Enmalecer	14	Escarnecer	14
Empobrecer	14	Enmarillecerse	14	Esclarecer	14
Empodrecer	14	Enmelar	4	Escocer	10
Emporcar	8	Enmendar	4	Escolar	8
Enaltecer	14	Enmohecer	14	Escribir	68
Enamarillecer	14	Enmudecer	14	Escullir	23
Enardecer	14	Ennegrecer	14	Esforzar	8
Encalvecer	14	Ennoblecer	14	Establecer	14
Encallecer	14	Enorgullecer	14	Estar	45

— 123 —

Estatuir	31	Hermanecer	14	Languidecer	14
Estregar	4	Herrar	4	Lentecer	14
Estremecer	14	Herventar	4	Licuefacer	49
Estreñir	27	Hervir	28	Lobreguecer	14
Evolar	8	Holgar	8	Lucir	16
Excluir	31	Hollar	8	Llover (impers.)	10
Expedir	24	Huir	31		
Exponer	55	Humedecer	14	Maldecir	43
Extender	6			Malherir	28
Extraer	60	Imbuir	31	Malquerer	56
		Impedir	24	Malsonar	8
Fallecer	14	Imponer	55	Maltraer	60
Favorecer	14	Imprimir	69	Mancornar	8
Fenecer	14	Improbar	8	Manferir	28
Ferrar	4	Incensar	4	Manifestar	4
Florecer	14	Incluir	31	Manir	73
Fluir	31	Indisponer	55	Mantener	59
Fortalecer	14	Inducir	17	Manuscribir	68
Forzar	8	Inferir	28	Manutener	59
Fosforecer	14	Infernar	4	Medir	24
Fregar	4	Influir	31	Melar	4
Freír	26	Ingerir	28	Mentar	4
Fruir	31	Inhestar	4	Mentir	28
Frutecer	14	Injerir	28	Merecer	14
		Inquirir	30	Merendar	4
Gañir	19	Inscribir	68	Moblar	8
Gemir	24	Inserir	28	Mohecer	14
Gobernar	4	Instituir	31	Moler	10
Gruir	31	Instruir	31	Morder	10
Gruñir	21	Interdecir	42	Morir	33
Guañir	19	Interponer	55	Mostrar	8
Guarecer	14	Intervenir	61	Mover	10
Guarnecer	14	Introducir	17	Muir	31
		Intuir	31	Mullir	23
Haber	46	Invernar	4	Muñir	21
Hacendar	4	Invertir	28		
Hacer	47	Investir	24	Nacer	13
Heder	6	Ir	50	Negar	4
Henchir	24			Negrecer	14
Hender	6	Jamerdar	4	Nevar (impers.)	4
Hendir	7	Jimenzar	4		
Heñir	27	Jugar	29	Obedecer	14
Herbar	4			Obscurecer	14
Herbecer	14	Lagrimacer	13	Obstruir	31
Herir	28				

Obtener	59	Prescribir	68	Reconvalecer	14
Ocluir	31	Presentir	28	Reconvenir	61
Ofrecer	14	Presuponer	55	Recordar	8
Oír	51	Preterir	28	Recostar	8
Oler	11	Prevalecer	14	Recrecer	14
Oponer	55	Prevaler	34	Recrudecer	14
Orgullecer	14	Prevenir	61	Redargüir	31
Oscurecer	14	Prever	62	Redecir	42
		Probar	8	Reducir	17
Pacer	13	Producir	17	Reelegir	24
Padecer	14	Proferir	28	Referir	28
Palidecer	14	Promover	10	Reflorecer	14
Parecer	14	Proponer	55	Refluir	31
Pedir	24	Proscribir	68	Reforzar	8
Pensar	4	Proseguir	24	Refregar	4
Percollar	8	Prostituir	31	Refreír	26
Perder	6	Proveer	71	Regañir	19
Perecer	14	Provenir	61	Regar	4
Permanecer	14	Pudrir	54	Regimentar	4
Perniquebrar	4			Regir	24
Perquirir	30	Quebrar	4	Regoldar	8
Perseguir	24	Querer	56	Regruñir	21
Pertenecer	14			Rehacer	47
Pervertir	28	Raer	64	Rehenchir	24
Pimpollecer	14	Rarefacer	49	Reherir	28
Placer	52	Reaparecer	14	Reherrar	4
Plañir	19	Reapretar	4	Rehervir	28
Plastecer	14	Reaventar	4	Rehollar	8
Plegar	4	Reblandecer	14	Rehuir	31
Poblar	8	Rebullir	23	Rehumedecer	14
Poder	53	Recaer	39	Reimprimir	69
Podrecer	14	Recalentar	4	Reír	25
Podrir	54	Recentar	4	Rejuvenecer	14
Poner	55	Receñir	27	Relentecer	14
Posponer	55	Recluir	31	Relucir	16
Preconocer	15	Recocer	10	Remanecer	14
Predecir	42	Recolar	8	Remedir	24
Predisponer	55	Recolegir	24	Remendar	4
Preelegir	24	Recomendar	4	Remoler	10
Preferir	28	Recomponer	55	Remorder	10
Prelucir	16	Reconducir	17	Remostecerse	14
Premorir	33	Reconocer	15	Remover	10
Prender	70	Reconstituir	31	Remullir	23
Preponer	55	Recontar	8	Renacer	13

Rendir	24	Retrotraer	60	Sobrevestir	24
Renegar	4	Revejecer	14	Sofreír	26
Renovar	8	Revenirse	61	Solar	8
Reñir	27	Reventar	4	Soldar	8
Repacer	13	Rever	62	Soler	74
Repensar	4	Reverdecer	14	Soltar	8
Repetir	24	Reverter	6	Solver	12
Replegar	4	Revertir	28	Sonar	8
Repoblar	8	Revestir	24	Sonreír	25
Repodrir	54	Revolar	8	Sonrodarse	8
Reponer	55	Revolver	12	Soñar	8
Reprobar	8	Robustecer	14	Sorregar	4
Reproducir	17	Rodar	8	Sosegar	4
Repudrir	54	Roer	65	Sostener	59
Requebrar	4	Rogar	8	Soterrar	4
Requerir	28	Romper	72	Subarrendar	4
Resaber	57			Subentender	6
Resalir	35	Saber	57	Subscribir	68
Rescontrar	8	Salir	35	Subseguir	24
Resegar	4	Salpimentar	4	Substituir	31
Reseguir	24	Salpullir	23	Substraer	60
Resembrar	4	Sarmentar	4	Subtender	6
Resentirse	28	Sarpullir	23	Subvenir	61
Resolver	12	Satisfacer	48	Subvertir	28
Resollar	8	Seducir	17	Sugerir	28
Resonar	8	Segar	4	Superentender	6
Resplandecer	14	Seguir	24	Superponer	55
Resquebrar	4	Sembrar	4	Supervenir	61
Restablecer	14	Sementar	4	Suponer	55
Restituir	31	Sentar	4	Suscribir	68
Restregar	4	Sentir	28	Sustituir	31
Restriñir	20	Ser	58	Sustraer	60
Retallecer	14	Serrar	4		
Retemblar	4	Servir	24	Tallecer	14
Retener	59	Sobrecrecer	14	Tañer	18
Retentar	4	Sobreentender	6	Tardecer	14
Reteñir	27	Sobrentender	6	Temblar	4
Retiñir	20	Sobreponer	55	Tender	6
Retoñecer	14	Sobresalir	35	Tener	59
Retorcer	10	Sobrescribir	68	Tentar	4
Retostar	8	Sobresembrar	4	Teñir	27
Retraer	60	Sobresolar	8	Terrecer	14
Retribuir	31	Sobrevenir	61	Tonar	8
Retronar	8	Sobreverterse	6	Torcer	10

— 126 —

Tostar	8	Trasoír	51	Venir	61
Traducir	17	Trasoñar	8	Ver	62
Traer	60	Trasponer	55	Verdecer	14
Transcender	6	Trastocar	8	Verter	6
Transcribir	68	Trasver	62	Vestir	24
Transferir	28	Trasverter	6	Volar	8
Transfregar	4	Trasvolar	8	Volcar	8
Transponer	55	Travesar	4	Volver	12
Trascender	6	Tribuir	31		
Trascolar	8	Trocar	8	Yacer	63
Trascordarse	8	Tronar	8	Yuxtaponer	55
Trascribir	68	Tropezar	4		
Trasegar	4	Tullecer	14		
Trasferir	28	Tullir	23	Zabullir	23
Trasfregar	4			Zaherir	28
Traslucirse	16	Valer	34	Zambullir	23

MODELOS DE CONJUGACIÓN

Siguen los modelos de conjugación de todos los verbos. Damos la conjugación total del n.º 1, y para los demás nos limitamos a la de los tiempos simples.

MODELO 1

Cantar

Gerundio: Cantando, habiendo cantado.
Participio: Cantado.

Indicativo

Presente: Canto, cantas, canta, cantamos, cantáis, cantan.
Pret. imperfecto: Cantaba, cantabas, cantaba, cantábamos, cantabais, cantaban.
Pret. pluscuamperfecto: Había cantado, habías cantado, había cantado, habíamos cantado, habíais cantado, habían cantado.
Pret. indefinido: Canté, cantaste, cantó, cantamos, cantasteis, cantaron.
Pret. perfecto: He cantado, has cantado, ha cantado, hemos cantado, habéis cantado, han cantado.

Pret. anterior: Hube cantado, hubiste cantado, hubo cantado, hubimos cantado, hubisteis cantado, hubieron cantado.
Futuro imp.: Cantaré, cantarás, cantará, cantaremos, cantaréis, cantarán.
Futuro perfecto: Habré cantado, habrás cantado, habrá cantado, habremos cantado, habréis cantado, habrán cantado.

Potencial

Simple: Cantaría, cantarías, cantaría, cantaríamos, cantaríais, cantarían.
Compuesto: Habría cantado, habrías cantado, habría cantado, habríamos cantado, habríais cantado, habrían cantado.

Subjuntivo

Presente: Cante, cantes, cante, cantemos, cantéis, canten.
Pret. perfecto: Haya cantado, hayas cantado, haya cantado, hayamos cantado, hayáis cantado, hayan cantado.
Pret. imperfecto: Cantara o cantase, cantaras o cantases, cantara o cantase, cantáramos o cantásemos, cantarais o cantaseis, cantaran o cantasen.
Pret. pluscuamp.: Hubiera o hubiese cantado, hubieras o hubieses cantado, hubiera o hubiese cantado, hubiéramos o hubiésemos cantado, hubierais o hubieseis cantado, hubieran o hubiesen cantado.
Futuro imperf.: Cantare, càntares, cantare, cantáremos, cantareis, cantaren.
Futuro perfecto: Hubiere cantado, hubieres cantado, hubiere cantado, hubiéremos cantado, hubiereis cantado, hubieren cantado.

Imperativo

Canta tú, cante él, cantemos nosotros, cantad vosotros, canten ellos.

MODELO 2

Tejer

Gerundio: Tejiendo.
Participio: Tejido.

Indicativo

Presente: Tejo, tejes, teje, tejemos, tejéis, tejen.
Pret. imp.: Tejía, tejías, tejía, tejíamos, tejíais, tejían.
Pret. indefinido: Tejí, tejiste, tejió, tejimos, tejisteis, tejieron.
Futuro imperfecto: Tejeré, tejerás, tejerá, tejeremos, tejeréis, tejerán.

Potencial

Simple: Tejería, tejerías, tejería, tejeríamos, tejeríais, tejerían.

Subjuntivo

Presente: Teja, tejas, teja, tejamos, tejáis, tejan.
Pret. imperfecto: Tejiera *o* tejiese, tejieras *o* tejieses, tejiera *o* tejiese, tejiéramos *o* tejiésemos, tejierais *o* tejieseis, tejieran *o* tejiesen.
Futuro imperfecto: Tejiere, tejieres, tejiere, tejiéremos, tejiereis, tejieren.

Imperativo

Teje, teja, tejamos, tejed, tejan.

MODELO 3

Existir

Gerundio: Existiendo.
Participio: Existido.

Indicativo

Presente: Existo, existes, existe, existimos, existís, existen.
Pret. imp.: Existía, existías, existía, existíamos, existíais, existían.
Pret. indef.: Existí, exististe, existió, existimos, exististeis, existieron.
Futuro: Existiré, existirás, existirá, existiremos, existiréis, existirán.

Potencial

Simple: Existiría, existirías, existiría, existiríamos, existiríais, existirían.

Subjuntivo

Presente: Exista, existas, exista, existamos, existáis, existan.
Pret. imp.: Existiera *o* existiese, existieras *o* existieses, existiera *o* existiese, existiéramos *o* existiésemos, existierais *o* existieseis, existieran *o* existiesen.
Futuro: Existiere, existieres, existiere, existiéremos, existiereis, existieren.

Imperativo

Existe, exista, existamos, existid, existan.

MODELO 4

Alentar

Gerundio: Alentando.
Participio: Alentado.

Indicativo

Presente: Aliento, alientas, alienta, alentamos, alentáis, alientan.
Pret. imp.: Alentaba, alentabas, alentaba, alentábamos, alentabais, alentaban.
Pret. indef.: Alenté, alentaste, alentó, alentamos, alentasteis, alentaron.
Futuro: Alentaré, alentarás, alentará, alentaremos, alentaréis, alentarán.

Potencial

Simple: Alentaría, alentarías, alentaría, alentaríamos, alentaríais, alentarían.

Subjuntivo

Presente: Aliente, alientes, aliente, alentemos, alentéis, alienten.

Pret. imp.: Alentara *o* alentase, alentaras *o* alentases, alentara *o* alentase, alentáramos *o* alentásemos, alentarais *o* alentaseis, alentaran *o* alentasen.
Futuro: Alentare, alentares, alentare, alentáremos, alentareis, alentaren.

Imperativo

Alienta, aliente, alentemos, alentad, alienten.

MODELO 5

Errar

Gerundio: Errando.
Participio: Errado.

Indicativo

Presente: Yerro, yerras, yerra, erramos, erráis, yerran.
Pret. imp.: Erraba, errabas, erraba, errábamos, errabais, erraban.
Pret. indef.: Erré, erraste, erró, erramos, errasteis, erraron.
Futuro: Erraré, errarás, errará, erraremos, erraréis, errarán.

Potencial

Simple: Erraría, errarías, erraría, erraríamos, erraríais, errarían.

Subjuntivo

Presente: Yerre, yerres, yerre, erremos, erréis, yerren.
Pret. imp.: Errara *o* errase, erraras *o* errases, errara *o* errase, erráramos *o* errásemos, errarais *o* erraseis, erraran *o* errasen.
Futuro: Errare, errares, errare, erráremos, errareis, erraren.

Imperativo

Yerra, yerre, erremos, errad, yerren.

— 131 —

MODELO 6

Entender

Gerundio: Entendiendo.
Participio: Entendido.

Indicativo

Presente: Entiendo, entiendes, entiende, entendemos, entendéis, entienden.
Pret. imp.: Entendía, entendías, entendía, entendíamos, entendíais, entendían.
Pret. indef.: Entendí, entendiste, entendió, entendimos, entendisteis, entendieron.
Futuro: Entenderé, entenderás, entenderá, entenderemos, entenderéis, entenderán.

Potencial

Simple: Entendería, entenderías, entendería, entenderíamos, entenderíais, entenderían.

Subjuntivo

Presente: Entienda, entiendas, entienda, entendamos, entendáis, entiendan.
Pret. imp.: Entendiera o entendiese, entendieras o entendieses, entendiera o entendiese, entendiéramos o entendiésemos, entendierais o entendieseis, entendieran o entendiesen.
Futuro: Entendiere, entendieres, entendiere, entendiéremos, entendiereis, entendieren.

Imperativo

Entiende, entienda, entendamos, entended, entiendan.

MODELO 7

Discernir

Gerundio: Discerniendo.
Participio: Discernido.

INDICATIVO

Presente: Discierno, disciernes, discierne, discernimos, discernís, disciernen.
Pret. imp.: Discernía, discernías, discernía, discerníamos, discerníais, discernían.
Pret. indef.: Discerní, discerniste, discernió, discernimos, discernisteis, discernieron.
Futuro: Discerniré, discernirás, discernirá, discerniremos, discerniréis, discernirán.

POTENCIAL

Simple: Discerniría, discernirías, discerniría, discerniríamos, discerniríais, discernirían.

SUBJUNTIVO

Presente: Discierna, disciernas, discierna, discernamos, discernáis, disciernan.
Pret. imp.: Discerniera o discerniese, discernieras o discernieses, discerniera o discerniese, discerniéramos o discerniésemos, discernierais o discernieseis, discernieran o discerniesen.
Futuro: Discerniere, discernieres, discerniere, discerniéremos, discerniereis, discernieren.

IMPERATIVO

Discierne, discierna, discernamos, discernid, disciernan.

MODELO 8

Concordar

Gerundio: Concordando.
Participio: Concordado.

Indicativo

Presente: Concuerdo, concuerdas, concuerda, concordamos, concordáis, concuerdan.
Pret. imp.: Concordaba, concordabas, concordaba, concordábamos, concordabais, concordaban.
Pret. indef.: Concordé, concordaste, concordó, concordamos, concordasteis, concordaron.
Futuro: Concordaré, concordarás, concordará, concordaremos, concordaréis, concordarán.

Potencial

Simple: Concordaría, concordarías, concordaría, concordaríamos, concordaríais, concordarían.

Subjuntivo

Presente: Concuerde, concuerdes, concuerde, concordemos, concordéis, concuerden.
Pret. imp.: Concordara o concordase, concordaras o concordases, concordara o concordase, concordáramos o concordásemos, concordarais o concordaseis, concordaran o concordasen.
Futuro: Concordare, concordares, concordare, concordáremos, concordareis, concordaren.

Imperativo

Concuerda, concuerde, concordemos, concordad, concuerden.

MODELO 9

Desosar

Gerundio: Desosando.
Participio: Desosado.

INDICATIVO

Presente: Deshueso, deshuesas, deshuesa, desosamos, desosáis, deshuesan.
Pret. imp.: Desosaba, desosabas, desosaba, desosábamos, desosabais, desosaban.
Pret. indef.: Desosé, desosaste, desosó, desosamos, desosasteis, desosaron.
Futuro: Desosaré, desosarás, desosará, desosaremos, desosaréis, desosarán.

POTENCIAL

Simple: Desosaría, desosarías, desosaría, desosaríamos, desosaríais, desosarían.

SUBJUNTIVO

Presente: Deshuese, deshueses, deshuese, desosemos, desoséis, deshuesen.
Pret. imp.: Desosara o desosase, desosaras o desosases, desosara o desosase, desosáramos o desosásemos, desosarais o desosaseis, desosaran o desosasen.
Futuro: Desosare, desosares, desosare, desosáremos, desosareis, desosaren.

IMPERATIVO

Deshuesa, deshuese, desosemos, desosad, deshuesen.

MODELO 10

Torcer

Gerundio: Torciendo.
Participio: Torcido.

Indicativo

Presente: Tuerzo, tuerces, tuerce, torcemos, torcéis, tuercen.
Pret. imp.: Torcía, torcías, torcía, torcíamos, torcíais, torcían.
Pret. indef.: Torcí, torciste, torció, torcimos, torcisteis, torcieron.
Futuro: Torceré, torcerás, torcerá, torceremos, torceréis, torcerán.

Potencial

Simple: Torcería, torcerías, torcería, torceríamos, torceríais, torcerían.

Subjuntivo

Presente: Tuerza, tuerzas, tuerza, torzamos, torzáis, tuerzan.
Pret. imp.: Torciera o torciese, torcieras o torcieses, torciera o torciese, torciéramos o torciésemos, torcierais o torcieseis, torcieran o torciesen.
Futuro: Torciere, torcieres, torciere, torciéremos, torciereis, torcieren.

Imperativo

Tuerce, tuerza, torzamos, torced, tuerzan.

MODELO 10 bis

Cocer

Gerundio: Cociendo.
Participio: Cocido.

Indicativo

Presente: Cuezo, cueces, cuece, cocemos, cocéis, cuecen.

— 136 —

Pret. imp.: Cocía, cocías, cocía, cocíamos, cocíais, cocían.
Pret. indef.: Cocí, cociste, coció, cocimos, cocisteis, cocieron.
Futuro: Coceré, cocerás, cocerá, coceremos, coceréis, cocerán.

Potencial

Simple: Cocería, cocerías, cocería, coceríamos, coceríais, cocerían.

Subjuntivo

Presente: Cueza, cuezas, cueza, cozamos, cozáis, cuezan.
Pret. imp.: Cociera *o* cociese, cocieras *o* cocieses, cociera *o* cociese, cociéramos *o* cociésemos, cocierais *o* cocieseis, cocieran *o* cociesen.
Futuro: Cociere, cocieres, cociere, cociéremos, cociereis, cocieren.

Imperativo

Cuece, cueza, cozamos, coced, cuezan.

MODELO 11

Oler

Gerundio: Oliendo.
Participio: Olido.

Indicativo

Presente: Huelo, hueles, huele, olemos, oléis, huelen.
Pret. imp.: Olía, olías, olía, olíamos, olíais, olían.
Pret. indef.: Olí, oliste, olió, olimos, olisteis, olieron.
Futuro: Oleré, olerás, olerá, oleremos, oleréis, olerán.

Potencial

Simple: Olería, olerías, olería, oleríamos, oleríais, olerían.

Subjuntivo

Presente: Huela, huelas, huela, olamos, oláis, huelan.
Pret. imp.: Oliera *u* oliese, olieras *u* olieses, oliera *u* oliese, oliéramos *u* oliésemos, olierais *u* olieseis, olieran *u* oliesen.
Futuro: Oliere, olieres, oliere, oliéremos, oliereis, olieren.

Imperativo

Huele, huela, olamos, oled, huelan.

MODELO 12

Volver

Gerundio: Volviendo.
Participio: Vuelto.

Indicativo

Presente: Vuelvo, vuelves, vuelve, volvemos, volvéis, vuelven.
Pret. imp.: Volvía, volvías, volvía, volvíamos, volvíais, volvían.
Pret. indef.: Volví, volviste, volvió, volvimos, volvisteis, volvieron.
Futuro: Volveré, volverás, volverá, volveremos, volveréis, volverán.

Potencial

Simple: Volvería, volverías, volvería, volveríamos, volveríais, volverían.

Subjuntivo

Presente: Vuelva, vuelvas, vuelva, volvamos, volváis, vuelvan.
Pret. imp.: Volviera *o* volviese, volvieras *o* volvieses, volviera *o* volviese, volviéramos *o* volviésemos, volvierais *o* volvieseis, volvieran *o* volviesen.
Futuro: Volviere, volvieres, volviere, volviéremos, volviereis, volvieren.

Imperativo

Vuelve, vuelva, volvamos, volved, vuelvan.

MODELO 13

Nacer

Gerundio: Naciendo.
Participio: Nacido.

Indicativo

Presente: Nazco, naces, nace, nacemos, nacéis, nacen.
Pret. imp.: Nacía, nacías, nacía, nacíamos, nacíais, nacían.
Pret. indef.: Nací, naciste, nació, nacimos, nacisteis, nacieron.
Futuro: Naceré, nacerás, nacerá, naceremos, naceréis, nacerán.

Potencial

Simple: Nacería, nacerías, nacería, naceríamos, naceríais, nacerían.

Subjuntivo

Presente: Nazca, nazcas, nazca, nazcamos, nazcáis, nazcan.
Pret. imp.: Naciera o naciese, nacieras o nacieses, naciera o naciese, naciéramos o naciésemos, nacierais o nacieseis, nacieran o naciesen.
Futuro: Naciere, nacieres, naciere, naciéremos, naciereis, nacieren.

Imperativo

Nace, nazca, nazcamos, naced, nazcan.

MODELO 14

Favorecer

Gerundio: Favoreciendo.
Participio: Favorecido.

Indicativo

Presente: Favorezco, favoreces, favorece, favorecemos, favorecéis, favorecen.
Pret. imp.: Favorecía, favorecías, favorecía, favorecíamos, favorecíais, favorecían.
Pret. indef.: Favorecí, favoreciste, favoreció, favorecimos, favorecisteis, favorecieron.
Futuro: Favoreceré, favorecerás, favorecerá, favoreceremos, favoreceréis, favorecerán.

Potencial

Simple: Favorecería, favorecerías, favorecería, favoreceríamos, favoreceríais, favorecerían.

Subjuntivo

Presente: Favorezca, favorezcas, favorezca, favorezcamos, favorezcáis, favorezcan.
Pret. imp.: Favoreciera *o* favoreciese, favorecieras *o* favorecieses, favoreciera *o* favoreciese, favoreciéramos *o* favoreciésemos, favorecierais *o* favorecieseis, favorecieran *o* favoreciesen.
Futuro: Favoreciere, favorecieres, favoreciere, favoreciéremos, favoreciereis, favorecieren.

Imperativo

Favorece, favorezca, favorezcamos, favoreced, favorezcan.

MODELO 15

Conocer

Gerundio: Conociendo.
Participio: Conocido.

Indicativo

Presente: Conozco, conoces, conoce, conocemos, conocéis, conocen.
Pret. imp.: Conocía, conocías, conocía, conocíamos, conocíais, conocían.
Pret. indef.: Conocí, conociste, conoció, conocimos, conocisteis, conocieron.
Futuro: Conoceré, conocerás, conocerá, conoceremos, conoceréis, conocerán.

Potencial

Simple: Conocería, conocerías, conocería, conoceríamos, conoceríais, conocerían.

Subjuntivo

Presente: Conozca, conozcas, conozca, conozcamos, conozcáis, conozcan.
Pret. imp.: Conociera o conociese, conocieras o conocieses, conociera o conociese, conociéramos o conociésemos, conocierais o conocieseis, conocieran o conociesen.
Futuro: Conociere, conocieres, conociere, conociéremos, conociereis, conocieren.

Imperativo

Conoce, conozca, conozcamos, conoced, conozcan.

MODELO 16

Lucir

Gerundio: Luciendo.
Participio: Lucido.

Indicativo

Presente: Luzco, luces, luce, lucimos, lucís, lucen.
Pret. imp.: Lucía, lucías, lucía, lucíamos, lucíais, lucían.
Pret. indef.: Lucí, luciste, lució, lucimos, lucisteis, lucieron.
Futuro: Luciré, lucirás, lucirá, luciremos, luciréis, lucirán.

Potencial

Simple: Luciría, lucirías, luciría, luciríamos, luciríais, lucirían.

Subjuntivo

Presente: Luzca, luzcas, luzca, luzcamos, luzcáis, luzcan.
Pret. imp.: Luciera o luciese, lucieras o lucieses, luciera o luciese, luciéramos o luciésemos, lucierais o lucieseis, lucieran o luciesen.
Futuro: Luciere, lucieres, luciere, luciéremos, luciereis, lucieren.

Imperativo

Luce, luzca, luzcamos, lucid, luzcan.

MODELO 17

Reducir

Gerundio: Reduciendo.
Participio: Reducido.

Indicativo

Presente: Reduzco, reduces, reduce, reducimos, reducís, reducen.
Pret. imp.: Reducía, reducías, reducía, reducíamos, reducíais, reducían.
Pret. indef.: Reduje, redujiste, redujo, redujimos, redujisteis, redujeron.
Futuro: Reduciré, reducirás, reducirá, reduciremos, reduciréis, reducirán.

Potencial

Simple: Reduciría, reducirías, reduciría, reduciríamos, reduciríais, reducirían.

Subjuntivo

Presente: Reduzca, reduzcas, reduzca, reduzcamos, reduzcáis, reduzcan.
Pret. imp.: Redujera *o* redujese, redujeras *o* redujeses, redujera *o* redujese, redujéramos *o* redujésemos, redujerais *o* redujeseis, redujeran *o* redujesen.
Futuro: Redujere, redujeres, redujere, redujéremos, redujereis, redujeren.

Imperativo

Reduce, reduzca, reduzcamos, reducid, reduzcan.

MODELO 18

Tañer

Gerundio: Tañendo.
Participio: Tañido.

Indicativo

Presente: Taño, tañes, tañe, tañemos, tañéis, tañen.
Pret. imp.: Tañía, tañías, tañía, tañíamos, tañíais, tañían.
Pret. indef.: Tañí, tañiste, tañó, tañimos, tañisteis, tañeron.
Futuro: Tañeré, tañerás, tañerá, tañeremos, tañeréis, tañerán.

Potencial

Simple: Tañería, tañerías, tañería, tañeríamos, tañeríais, tañerían.

Subjuntivo

Presente: Taña, tañas, taña, tañamos, tañáis, tañan.

Pret. imp.: Tañera *o* tañese, tañeras *o* tañeses, tañera *o* tañese, tañéramos *o* tañésemos, tañerais *o* tañeseis, tañeran *o* tañesen.
Futuro: Tañere, tañeres, tañere, tañéremos, tañereis, tañeren.

Imperativo

Tañe, taña, tañamos, tañed, tañan.

MODELO 19

Plañir

Gerundio: Plañendo.
Participio: Plañido.

Indicativo

Presente: Plaño, plañes, plañe, plañimos, plañís, plañen.
Pret. imp.: Plañía, plañías, plañía, plañíamos, plañíais, plañían.
Pret. indef.: Plañí, plañiste, plañó, plañimos, plañisteis, plañeron.
Futuro: Plañiré, plañirás, plañirá, plañiremos, plañiréis, plañirán.

Potencial

Simple: Plañiría, plañirías, plañiría, plañiríamos, plañiríais, plañirían.

Subjuntivo

Presente: Plaña, plañas, plaña, plañamos, plañáis, plañan.
Pret. imp.: Plañera *o* plañese, plañeras *o* plañeses, plañera *o* plañese, plañéramos *o* plañésemos, plañerais *o* plañeseis, plañeran *o* plañesen.
Futuro: Plañere, plañeres, plañere, plañéremos, plañereis, plañeren.

Imperativo

Plañe, plaña, plañamos, plañid, plañan.

MODELO 20

Restriñir

Gerundio: Restriñendo.
Participio: Restriñido.

INDICATIVO

Presente: Restriño, restriñes, restriñe, restriñimos, restriñís, restriñen.
Pret. imp.: Restriñía, restriñías, restriñía, restriñíamos, restriñíais, restriñían.
Pret. indef.: Restriñí, restriñiste, restriñó, restriñimos, restriñisteis, restriñeron.
Futuro: Restriñiré, restriñirás, restriñirá, restriñiremos, restriñiréis, restriñirán.

POTENCIAL

Simple: Restriñiría, restriñirías, restriñiría, restriñiríamos, restriñiríais, restriñirían.

SUBJUNTIVO

Presente: Restriña, restriñas, restriña, restriñamos, restriñáis, restriñan.
Pret. imp.: Restriñera o restriñese, restriñeras o restriñeses, restriñera o restriñese, restriñéramos o restriñésemos, restriñerais o restriñeseis, restriñeran o restriñesen.
Futuro: Restriñere, restriñeres, restriñere, restriñéremos, restriñereis, restriñeren.

IMPERATIVO

Restriñe, restriña, restriñamos, restriñid, restriñan.

MODELO 21

Gruñir

Gerundio: Gruñendo.
Participio: Gruñido.

Indicativo

Presente: Gruño, gruñes, gruñe, gruñimos, gruñís, gruñen.
Pret. imp.: Gruñía, gruñías, gruñía, gruñíamos, gruñíais, gruñían.
Pret. indef.: Gruñí, gruñiste, gruñó, gruñimos, gruñisteis, gruñeron.
Futuro: Gruñiré, gruñirás, gruñirá, gruñiremos, gruñiréis, gruñirán.

Potencial

Simple: Gruñiría, gruñirías, gruñiría, gruñiríamos, gruñiríais, gruñirían.

Subjuntivo

Presente: Gruña, gruñas, gruña, gruñamos, gruñáis, gruñan.
Pret. imp.: Gruñera *o* gruñese, gruñeras *o* gruñeses, gruñera *o* gruñese, gruñéramos *o* gruñésemos, gruñerais *o* gruñeseis, gruñeran *o* gruñesen.
Futuro: Gruñere, gruñeres, gruñere, gruñéremos, gruñereis, gruñeren.

Imperativo

Gruñe, gruña, gruñamos, gruñid, gruñan.

MODELO 22

Empeller

Gerundio: Empellendo.
Participio: Empellido.

Indicativo

Presente: Empello, empelles, empelle, empellemos, empelléis, empellen.
Pret. imp.: Empellía, empellías, empellía, empellíamos, empellíais, empellían.
Pret. indef.: Empellí, empelliste, empelló, empellimos, empellisteis, empelleron.
Futuro: Empelleré, empellerás, empellerá, empelleremos, empelleréis, empellerán.

Potencial

Simple: Empellería, empellerías, empellería, empelleríamos, empelleríais, empellerían.

Subjuntivo

Presente: Empella, empellas, empella, empellamos, empelláis, empellan.
Pret. imp.: Empellera *o* empellese, empelleras *o* empelleses, empellera *o* empellese, empelléramos *o* empellésemos, empellerais *o* empelleseis, empelleran *o* empellesen.
Futuro: Empellere, empelleres, empellere, empelléremos, empellereis, empelleren.

Imperativo

Empelle, empella, empellamos, empelled, empellan.

MODELO 23

Mullir

Gerundio: Mullendo.
Participio: Mullido.

Indicativo

Presente: Mullo, mulles, mulle, mullimos, mullís, mullen.
Pret. imp.: Mullía, mullías, mullía, mullíamos, mullíais, mullían.
Pret. indef.: Mullí, mulliste, mulló, mullimos, mullisteis, mulleron.
Futuro: Mulliré, mullirás, mullirá, mulliremos, mulliréis, mullirán.

Potencial

Simple: Mulliría, mullirías, mulliría, mulliríamos, mulliríais, mullirían.

Subjuntivo

Presente: Mulla, mullas, mulla, mullamos, mulláis, mullan.
Pret. imp.: Mullera *o* mullese, mulleras *o* mulleses, mullera *o* mullese, mulléramos *o* mullésemos, mullerais *o* mulleseis, mulleran *o* mullesen.
Futuro: Mullere, mulleres, mullere, mulléremos, mullereis, mulleren.

Imperativo

Mulle, mulla, mullamos, mullid, mullan.

MODELO 24

Servir

Gerundio: Sirviendo.
Participio: Servido.

Indicativo

Presente: Sirvo, sirves, sirve, servimos, servís, sirven.
Pret. imp.: Servía, servías, servía, servíamos, servíais, servían.
Pret. indef.: Serví, serviste, sirvió, servimos, servisteis, sirvieron.
Futuro: Serviré, servirás, servirá, serviremos, serviréis, servirán.

Potencial

Simple: Serviría, servirías, serviría, serviríamos, serviríais, servirían.

Subjuntivo

Presente: Sirva, sirvas, sirva, sirvamos, sirváis, sirvan.
Pret. imp.: Sirviera *o* sirviese, sirvieras *o* sirvieses, sirviera *o* sirviese, sirviéramos *o* sirviésemos, sirvierais *o* sirvieseis, sirvieran *o* sirviesen.
Futuro: Sirviere, sirvieres, sirviere, sirviéremos, sirviereis, sirvieren.

Imperativo

Sirve, sirva, sirvamos, servid, sirvan.

MODELO 24 bis

Elegir

Gerundio: Eligiendo.
Participio: Elegido.

Indicativo

Presente: Elijo, eliges, elige, elegimos, elegís, eligen.
Pret. imp.: Elegía, elegías, elegía, elegíamos, elegíais, elegían.
Pret. indef.: Elegí, elegiste, eligió, elegimos, elegisteis, eligieron.
Futuro: Elegiré, elegirás, elegirá, elegiremos, elegiréis, elegirán.

Potencial

Simple: Elegiría, elegirías, elegiría, elegiríamos, elegiríais, elegirían.

Subjuntivo

Presente: Elija, elijas, elija, elijamos, elijáis, elijan.

Pret. imp.: Eligiera *o* eligiese, eligieras *o* eligieses, eligiera *o* eligiese, eligiéramos *o* eligiésemos, eligierais *o* eligieseis, eligieran *o* eligiesen.
Futuro: Eligiere, eligieres, eligiere, eligiéremos, eligiereis, eligieren.

Imperativo

Elige, elija, elijamos, elegid, elijan.

MODELO 25

Reír

Gerundio: Riendo.
Participio: Reído.

Indicativo

Presente: Río, ríes, ríe, reímos, reís, ríen.
Pret. imp.: Reía, reías, reía, reíamos, reíais, reían.
Pret. indef.: Reí, reíste, rió, reímos, reísteis, rieron.
Futuro: Reiré, reirás, reirá, reiremos, reiréis, reirán.

Potencial

Simple: Reiría, reirías, reiría, reiríamos, reiríais, reirían.

Subjuntivo

Presente: Ría, rías, ría, riamos, riáis, rían.
Pret. imp.: Riera *o* riese, rieras *o* rieses, riera *o* riese, riéramos *o* riésemos, rierais *o* rieseis, rieran *o* riesen.
Futuro: Riere, rieres, riere, riéremos, riereis, rieren.

Imperativo

Ríe, ría, riamos, reíd, rían.

MODELO 26

Freír

Gerundio: Friendo.
Participio: Freído o frito.

Indicativo

Presente: Frío, fríes, fríe, freímos, freís, fríen.
Pret. imp.: Freía, freías, freía, freíamos, freíais, freían.
Pret. indef.: Freí, freíste, frió, freímos, freísteis, frieron.
Futuro: Freiré, freirás, freirá, freiremos, freiréis, freirán.

Potencial

Simple: Freiría, freirías, freiría, freiríamos, freiríais, freirían.

Subjuntivo

Presente: Fría, frías, fría, friamos, friáis, frían.
Pret. imp.: Friera *o* friese, frieras *o* frieses, friera *o* friese, friéramos *o* friésemos, frierais *o* frieseis, frieran *o* friesen.
Futuro: Friere, frieres, friere, friéremos, friereis, frieren.

Imperativo

Fríe, fría, friamos, freíd, frían.

MODELO 27

Ceñir

Gerundio: Ciñendo.
Participio: Ceñido.

Indicativo

Presente: Ciño, ciñes, ciñe, ceñimos, ceñís, ciñen.

Pret. imp.: Ceñía, ceñías, ceñía, ceñíamos, ceñíais, ceñían.
Pret. indef.: Ceñí, ceñiste, ciñó, ceñimos, ceñisteis, ciñeron.
Futuro: Ceñiré, ceñirás, ceñirá, ceñiremos, ceñiréis, ceñirán.

POTENCIAL

Simple: Ceñiría, ceñirías, ceñiría, ceñiríamos, ceñiríais, ceñirían.

SUBJUNTIVO

Presente: Ciña, ciñas, ciña, ciñamos, ciñáis, ciñan.
Pret. imp.: Ciñera o ciñese, ciñeras o ciñeses, ciñera o ciñese, ciñéramos o ciñésemos, ciñerais o ciñeseis, ciñeran o ciñesen.
Futuro: Ciñere, ciñeres, ciñere, ciñéremos, ciñereis, ciñeren.

IMPERATIVO

Ciñe, ciña, ciñamos, ceñid, ciñan.

MODELO 28

Sentir

Gerundio: Sintiendo.
Participio: Sentido.

INDICATIVO

Presente: Siento, sientes, siente, sentimos, sentís, sienten.
Pret. imp.: Sentía, sentías, sentía, sentíamos, sentíais, sentían.
Pret. indef.: Sentí, sentiste, sintió, sentimos, sentisteis, sintieron.
Futuro: Sentiré, sentirás, sentirá, sentiremos, sentiréis, sentirán.

POTENCIAL

Simple: Sentiría, sentirías, sentiría, sentiríamos, sentiríais, sentirían.

Subjuntivo

Presente: Sienta, sientas, sienta, sintamos, sintáis, sientan.
Pret. imp.: Sintiera o sintiese, sintieras o sintieses, sintiera o sintiese, sintiéramos o sintiésemos, sintierais o sintieseis, sintieran o sintiesen.
Futuro: Sintiere, sintieres, sintiere, sintiéremos, sintiereis, sintieren.

Imperativo

Siente, sienta, sintamos, sentid, sientan.

MODELO 29

Jugar

Gerundio: Jugando.
Participio: Jugado.

Indicativo

Presente: Juego, juegas, juega, jugamos, jugáis, juegan.
Pret. imp.: Jugaba, jugabas, jugaba, jugábamos, jugabais, jugaban.
Pret. indef.: Jugué, jugaste, jugó, jugamos, jugasteis, jugaron.
Futuro: Jugaré, jugarás, jugará, jugaremos, jugaréis, jugarán.

Potencial

Simple: Jugaría, jugarías, jugaría, jugaríamos, jugaríais, jugarían.

Subjuntivo

Presente: Juegue, juegues, juegue, juguemos, juguéis, jueguen.
Pret. imp.: Jugara o jugase, jugaras o jugases, jugara o jugase, jugáramos o jugásemos, jugarais o jugaseis, jugaran o jugasen.
Futuro: Jugare, jugares, jugare, jugáremos, jugareis, jugaren.

Imperativo

Juega, juegue, juguemos, jugad, jueguen.

MODELO 30

Adquirir

Gerundio: Adquiriendo.
Participio: Adquirido.

Indicativo

Presente: Adquiero, adquieres, adquiere, adquirimos, adquirís, adquieren.
Pret. imp.: Adquiría, adquirías, adquiría, adquiríamos, adquiríais, adquirían.
Pret. indef.: Adquirí, adquiriste, adquirió, adquirimos, adquiristeis, adquirieron.
Futuro: Adquiriré, adquirirás, adquirirá, adquiriremos, adquiriréis, adquirirán.

Potencial

Simple: Adquiriría, adquirirías, adquiriría, adquiriríamos, adquiriríais, adquirirían.

Subjuntivo

Presente: Adquiera, adquieras, adquiera, adquiramos, adquiráis, adquieran.
Pret. imp.: Adquiriera *o* adquiriese, adquirieras *o* adquirieses, adquiriera *o* adquiriese, adquiriéramos *o* adquiriésemos, adquirierais *o* adquirieseis, adquirieran *o* adquiriesen.
Futuro: Adquiriere, adquirieres, adquiriere, adquiriéremos, adquiriereis, adquirieren.

Imperativo

Adquiere, adquiera, adquiramos, adquirid, adquieran.

MODELO 31

Huir

Gerundio: Huyendo.
Participio: Huido.

Indicativo

Presente: Huyo, huyes, huye, huimos, huís, huyen.
Pret. imp.: Huía, huías, huía, huíamos, huíais, huían.
Pret. indef.: Huí, huiste, huyó, huimos, huisteis, huyeron.
Futuro: Huiré, huirás, huirá, huiremos, huiréis, huirán.

Potencial

Simple: Huiría, huirías, huiría, huiríamos, huiríais, huirían.

Subjuntivo

Presente: Huya, huyas, huya, huyamos, huyáis, huyan.
Pret. imp.: Huyera *o* huyese, huyeras *o* huyeses, huyera *o* huyese, huyéramos *o* huyésemos, huyerais *o* huyeseis, huyeran *o* huyesen.
Futuro: Huyere, huyeres, huyere, huyéremos, huyereis, huyeren.

Imperativo

Huye, huya, huyamos, huid, huyan.

MODELO 32

Dormir

Gerundio: Durmiendo.
Participio: Dormido.

Indicativo

Presente: Duermo, duermes, duerme, dormimos, dormís, duermen.

Pret. imp.: Dormía, dormías, dormía, dormíamos, dormíais, dormían.
Pret. indef.: Dormí, dormiste, durmió, dormimos, dormisteis, durmieron.
Futuro: Dormiré, dormirás, dormirá, dormiremos, dormiréis, dormirán.

POTENCIAL

Simple: Dormiría, dormirías, dormiría, dormiríamos, dormiríais, dormirían.

SUBJUNTIVO

Presente: Duerma, duermas, duerma, durmamos, durmáis, duerman.
Pret. imp.: Durmiera o durmiese, durmieras o durmieses, durmiera *o* durmiese, durmiéramos *o* durmiésemos, durmierais *o* durmieseis, durmieran *o* durmiesen.
Futuro: Durmiere, durmieres, durmiere, durmiéremos, durmiereis, durmieren.

IMPERATIVO

Duerme, duerma, durmamos, dormid, duerman.

MODELO 33

Morir

Gerundio: Muriendo.
Participio: Muerto.

INDICATIVO

Presente: Muero, mueres, muere, morimos, morís, mueren.
Pret. imp.: Moría, morías, moría, moríamos, moríais, morían.
Pret. indef.: Morí, moriste, murió, morimos, moristeis, murieron.
Futuro: Moriré, morirás, morirá, moriremos, moriréis, morirán.

POTENCIAL

Simple: Moriría, morirías, moriría, moriríamos, moriríais, morirían.

Subjuntivo

Presente: Muera, mueras, muera, muramos, muráis, mueran.
Pret. imp.: Muriera *o* muriese, murieras *o* murieses, muriera *o* muriese, muriéramos *o* muriésemos, murierais *o* murieseis, murieran *o* muriesen.
Futuro: Muriere, murieres, muriere, muriéremos, muriereis, murieren.

Imperativo

Muere, muera, muramos, morid, mueran.

MODELO 34

Valer

Gerundio: Valiendo.
Participio: Valido.

Indicativo

Presente: Valgo, vales, vale, valemos, valéis, valen.
Pret. imp.: Valía, valías, valía, valíamos, valíais, valían.
Pret. indef.: Valí, valiste, valió, valimos, valisteis, valieron.
Futuro: Valdré, valdrás, valdrá, valdremos, valdréis, valdrán.

Potencial

Simple: Valdría, valdrías, valdría, valdríamos, valdríais, valdrían.

Subjuntivo

Presente: Valga, valgas, valga, valgamos, valgáis, valgan.
Pret. imp.: Valiera *o* valiese, valieras *o* valieses, valiera *o* valiese, valiéramos *o* valiésemos, valierais *o* valieseis, valieran *o* valiesen.
Futuro: Valiere, valieres, valiere, valiéremos, valiereis, valieren.

Imperativo

Val *o* vale, valga, valgamos, valed, valgan.

MODELO 35

Salir

Gerundio: Saliendo.
Participio: Salido.

Indicativo

Presente: Salgo, sales, sale, salimos, salís, salen.
Pret. imp.: Salía, salías, salía, salíamos, salíais, salían.
Pret. indef.: Salí, saliste, salió, salimos, salisteis, salieron.
Futuro: Saldré, saldrás, saldrá, saldremos, saldréis, saldrán.

Potencial

Simple: Saldría, saldrías, saldría, saldríamos, saldríais, saldrían.

Subjuntivo

Presente: Salga, salgas, salga, salgamos, salgáis, salgan.
Pret. imp.: Saliera *o* saliese, salieras *o* salieses, saliera *o* saliese, saliéramos *o* saliésemos, salierais *o* salieseis, salieran *o* saliesen.
Futuro: Saliere, salieres, saliere, saliéremos, saliereis, salieren.

Imperativo

Sal, salga, salgamos, salid, salgan.

MODELO 36

Andar

Gerundio: Andando.
Participio: Andado.

Indicativo

Presente: Ando, andas, anda, andamos, andáis, andan.
Pret. imp.: Andaba, andabas, andaba, andábamos, andabais, andaban.
Pret. indef.: Anduve, anduviste, anduvo, anduvimos, anduvisteis, anduvieron.
Futuro: Andaré, andarás, andará, andaremos, andaréis, andarán.

Potencial

Simple: Andaría, andarías, andaría, andaríamos, andaríais, andarían.

Subjuntivo

Presente: Ande, andes, ande, andemos, andéis, anden.
Pret. imp.: Anduviera *o* anduviese, anduvieras *o* anduvieses, anduviera *o* anduviese, anduviéramos *o* anduviésemos, anduvierais *o* anduvieseis, anduvieran *o* anduviesen.
Futuro: Anduviere, anduvieres, anduviere, anduviéremos, anduviereis, anduvieren.

Imperativo

Anda, ande, andemos, andad, anden.

MODELO 37

Asir

Gerundio: Asiendo.
Participio: Asido.

Indicativo

Presente: Asgo, ases, ase, asimos, asís, asen.
Pret. imp.: Asía, asías, asía, asíamos, asíais, asían.
Pret. indef.: Así, asiste, asió, asimos, asisteis, asieron.
Futuro: Asiré, asirás, asirá, asiremos, asiréis, asirán.

Potencial

Simple: Asiría, asirías, asiría, asiríamos, asiríais, asirían.

Subjuntivo

Presente: Asga, asgas, asga, asgamos, asgáis, asgan.
Pret. imp.: Asiera *o* asiese, asieras *o* asieses, asiera *o* asiese, asiéramos *o* asiésemos, asierais *o* asieseis, asieran *o* asiesen.
Futuro: Asiere, asieres, asiere, asiéremos, asiereis, asieren.

Imperativo

Ase, asga, asgamos, asid, asgan.

MODELO 38

Caber

Gerundio: Cabiendo.
Participio: Cabido.

Indicativo

Presente: Quepo, cabes, cabe, cabemos, cabéis, caben.
Pret. imp.: Cabía, cabías, cabía, cabíamos, cabíais, cabían.
Pret. indef.: Cupe, cupiste, cupo, cupimos, cupisteis, cupieron.
Futuro: Cabré, cabrás, cabrá, cabremos, cabréis, cabrán.

Potencial

Simple: Cabría, cabrías, cabría, cabríamos, cabríais, cabrían.

Subjuntivo

Presente: Quepa, quepas, quepa, quepamos, quepáis, quepan.

Pret. imp.: Cupiera *o* cupiese, cupieras *o* cupieses, cupiera *o* cupiese, cupiéramos *o* cupiésemos, cupierais *o* cupieseis, cupieran *o* cupiesen.
Futuro: Cupiere, cupieres, cupiere, cupiéremos, cupiereis, cupieren.

Imperativo

Cabe, quepa, quepamos, cabed, quepan.

MODELO 39

Caer

Gerundio: Cayendo.
Participio: Caído.

Indicativo

Presente: Caigo, caes, cae, caemos, caéis, caen.
Pret. imp.: Caía, caías, caía, caíamos, caíais, caían.
Pret. indef.: Caí, caíste, cayó, caímos, caísteis, cayeron.
Futuro: Caeré, caerás, caerá, caeremos, caeréis, caerán.

Potencial

Simple: Caería, caerías, caería, caeríamos, caeríais, caerían.

Subjuntivo

Presente: Caiga, caigas, caiga, caigamos, caigáis, caigan.
Pret. imp.: Cayera *o* cayese, cayeras *o* cayeses, cayera *o* cayese, cayéramos *o* cayésemos, cayerais *o* cayeseis, cayeran *o* cayesen.
Futuro: Cayere, cayeres, cayere, cayéremos, cayereis, cayeren.

Imperativo

Cae, caiga, caigamos, caed, caigan.

MODELO 40

Dar

Gerundio: Dando.
Participio: Dado.

Indicativo

Presente: Doy, das, da, damos, dais, dan.
Pret. imp.: Daba, dabas, daba, dábamos, dabais, daban.
Pret. indef.: Di, diste, dio, dimos, disteis, dieron.
Futuro: Daré, darás, dará, daremos, daréis, darán.

Potencial

Simple: Daría, darías, daría, daríamos, daríais, darían.

Subjuntivo

Presente: Dé, des, dé, demos, deis, den.
Pret. imp.: Diera o diese, dieras o dieses, diera o diese, diéramos o diésemos, dierais o dieseis, dieran o diesen.
Futuro: Diere, dieres, diere, diéremos, diereis, dieren.

Imperativo

Da, dé, demos, dad, den.

MODELO 41

Decir

Gerundio: Diciendo.
Participio: Dicho.

Indicativo

Presente: Digo, dices, dice, decimos, decís, dicen.
Pret. imp.: Decía, decías, decía, decíamos, decíais, decían.
Pret. indef.: Dije, dijiste, dijo, dijimos, dijisteis, dijeron.
Futuro: Diré, dirás, dirá, diremos, diréis, dirán.

POTENCIAL

Simple: Diría, dirías, diría, diríamos, diríais, dirían.

SUBJUNTIVO

Presente: Diga, digas, diga, digamos, digáis, digan.
Pret. imp.: Dijera o dijese, dijeras o dijeses, dijera o dijese, dijéramos o dijésemos, dijerais o dijeseis, dijeran o dijesen.
Futuro: Dijere, dijeres, dijere, dijéremos, dijereis, dijeren.

IMPERATIVO

Di, diga, digamos, decid, digan.

MODELO 42

Predecir

Gerundio: Prediciendo.
Participio: Predicho.

INDICATIVO

Presente: Predigo, predices, predice, predecimos, predecís, predicen.
Pret. imp.: Predecía, predecías, predecía, predecíamos, predecíais, predecían.
Pret. indef.: Predije, predijiste, predijo, predijimos, predijisteis, predijeron.
Futuro: Prediciré, predicirás, predicirá, prediciremos, predeciréis, predecirán.

POTENCIAL

Simple: Prediciría, predicirías, prediciría, prediciríamos, prediciríais, prediciríais, prediciírían.

Subjuntivo

Presente: Prediga, predigas, prediga, predigamos, predigáis, predigan.
Pret. imp.: Predijera *o* predijese, predijeras *o* predijeses, predijera *o* predijese, predijéramos *o* predijésemos, predijerais *o* predijeseis, predijeran *o* predijesen.
Futuro: Predijere, predijeres, predijere, predijéremos, predijereis, predijeren.

Imperativo

Predice, prediga, predigamos, predecid, predigan.

MODELO 43

Bendecir

Gerundio: Bendiciendo.
Participio: Bendecido y bendito.

Indicativo

Presente: Bendigo, bendices, bendice, bendecimos, bendecís, bendicen.
Pret. imp.: Bendecía, bendecías, bendecía, bendecíamos, bendecíais, bendecían.
Pret. indef.: Bendije, bendijiste, bendijo, bendijimos, bendijisteis, bendijeron.
Futuro: Bendeciré, bendecirás, bendecirá, bendeciremos, bendeciréis, bendecirán.

Potencial

Simple: Bendeciría, bendecirías, bendeciría, bendeciríamos, bendeciríais, bendecirían.

Subjuntivo

Presente: Bendiga, bendigas, bendiga, bendigamos, bendigáis, bendigan.

Pret. imp.: Bendijera *o* bendijese, bendijeras *o* bendijeses, bendijera *o* bendijese, bendijéramos *o* bendijésemos, bendijerais *o* bendijeseis, bendijeran *o* bendijesen.
Futuro: Bendijere, bendijeres, bendijere, bendijéremos, bendijereis, bendijeren.

Imperativo

Bendice, bendiga, bendigamos, bendecid, bendigan.

MODELO 44

Erguir

Gerundio: Irguiendo.
Participio: Erguido.

Indicativo

Presente: Irgo *o* yergo, irgues *o* yergues, irgue *o* yergue, erguimos, erguís, irguen *o* yerguen.
Pret. imp.: Erguía, erguías, erguía, erguíamos, erguíais, erguían.
Pret. indef.: Erguí, erguiste, irguió, erguimos, erguisteis, irguieron.
Futuro: Erguiré, erguirás, erguirá, erguiremos, erguiréis, erguirán.

Potencial

Simple: Erguiría, erguirías, erguiría, erguiríamos, erguiríais, erguirían.

Subjuntivo

Presente: Irga *o* yerga, irgas *o* yergas, irga *o* yerga, irgamos *o* yergamos, irgáis *o* yergáis, irgan *o* yergan.
Pret. imp.: Irguiera *o* irguiese, irguieras *o* irguieses, irguiera *o* irguiese, irguiéramos *o* irguiésemos, irguierais *o* irguieseis, irguieran *o* irguiesen.
Futuro: Irguiere, irguieres, irguiere, irguiéremos, irguiereis, irguieren.

Imperativo

Irgue *o* yergue, irga *o* yerga, irgamos *o* yergamos, erguid, irgan *o* yergan.

MODELO 45

Estar

Gerundio: Estando.
Participio: Estado.

Indicativo

Presente: Estoy, estás, está, estamos, estáis, están.
Pret. imp.: Estaba, estabas, estaba, estábamos, estabais, estaban.
Pret. indef.: Estuve, estuviste, estuvo, estuvimos, estuvisteis, estuvieron.
Futuro: Estaré, estarás, estará, estaremos, estaréis, estarán.

Potencial

Simple: Estaría, estarías, estaría, estaríamos, estaríais, estarían.

Subjuntivo

Presente: Esté, estés, esté, estemos, estéis, estén.
Pret. imp.: Estuviera o estuviese, estuvieras o estuvieses, estuviera o estuviese, estuviéramos o estuviésemos, estuvierais o estuvieseis, estuvieran o estuviesen.
Futuro: Estuviere, estuvieres, estuviere, estuviéremos, estuviereis, estuvieren.

Imperativo

Está, esté, estemos, estad, estén.

MODELO 46

Haber

Gerundio: Habiendo.
Participio: Habido.

Indicativo

Presente: He, has, ha o hay, hemos o habemos, habéis, han.

Pret. imp.: Había, habías, había, habíamos, habíais, habían.
Pret. indef.: Hube, hubiste, hubo, hubimos, hubisteis, hubieron.
Futuro: Habré, habrás, habrá, habremos, habréis, habrán.

POTENCIAL

Simple: Habría, habrías, habría, habríamos, habríais, habrían.

SUBJUNTIVO

Presente: Haya, hayas, haya, hayamos, hayáis, hayan.
Pret. imp.: Hubiera *o* hubiese, hubieras *o* hubieses, hubiera *o* hubiese, hubiéramos *o* hubiésemos, hubierais *o* hubieseis, hubieran *o* hubiesen.
Futuro: Hubiere, hubieres, hubiere, hubiéremos, hubiereis, hubieren.

IMPERATIVO

He, haya, hayamos, habed, hayan.

MODELO 47

H a c e r

Gerundio: Haciendo.
Participio: Hecho.

INDICATIVO

Presente: Hago, haces, hace, hacemos, hacéis, hacen.
Pret. imp.: Hacía, hacías, hacía, hacíamos, hacíais, hacían.
Pret. indef.: Hice, hiciste, hizo, hicimos, hicisteis, hicieron.
Futuro: Haré, harás, hará, haremos, haréis, harán.

POTENCIAL

Simple: Haría, harías, haría, haríamos, haríais, harían.

Subjuntivo

Presente: Haga, hagas, haga, hagamos, hagáis, hagan.
Pret. imp.: Hiciera *o* hiciese, hicieras *o* hicieses, hiciera *o* hiciese, hiciéramos *o* hiciésemos, hicierais *o* hicieseis, hicieran *o* hiciesen.
Futuro: Hiciere, hicieres, hiciere, hiciéremos, hiciereis, hicieren.

Imperativo

Haz, haga, hagamos, haced, hagan.

MODELO 48

Satisfacer

Gerundio: Satisfaciendo.
Participio: Satisfecho.

Indicativo

Presente: Satisfago, satisfaces, satisface, satisfacemos, satisfacéis, satisfacen.
Pret. imp.: Satisfacía, satisfacías, satisfacía, satisfacíamos, satisfacíais, satisfacían.
Pret. indef.: Satisfice, satisficiste, satisfizo, satisficimos, satisficisteis, satisficieron.
Futuro: Satisfaré, satisfarás, satisfará, satisfaremos, satisfaréis, satisfarán.

Potencial

Simple: Satisfaría, satisfarías, satisfaría, satisfaríamos, satisfaríais, satisfarían.

Subjuntivo

Presente: Satisfaga, satisfagas, satisfaga, satisfagamos, satisfagáis, satisfagan.
Pret. imp.: Satisficiera *o* satisficiese, satisficieras *o* satisficieses,

satisficiera *o* satisficiese, satisficiéramos *o* satisficiésemos, satisficierais *o* satisficieseis, satisficieran *o* satisficiesen.
Futuro: Satisficiere, satisficieres, satisficiere, satisficiéremos, satisficiereis, satisficieren.

Imperativo

Satisfaz *o* satisface, satisfaga, satisfagamos, satisfaced, satisfagan.

MODELO 49

Rarefacer

Gerundio: Rarefaciendo.
Participio: Rarefacto.

Indicativo

Presente: Rarefago, rarefaces, rareface, rarefacemos, rarefacéis, rarefacen.
Pret. imp.: Rarefacía, rarefacías, rarefacía, rarefacíamos, rarefacíais, rarefacían.
Pret. indef.: Rarefice, rareficiste, rarefizo, rareficimos, rareficisteis, rareficieron.
Futuro: Rarefaré, rarefarás, rarefará, rarefaremos, rarefaréis, rarefarán.

Potencial

Simple: Rarefaría, rarefarías, rarefaría, rarefaríamos, rarefaríais, rarefarían.

Subjuntivo

Presente: Rarefaga, rarefagas, rarefaga, rarefagamos, rarefagáis, rarefagan.
Pret. imp.: Rareficiera *o* rareficiese, rareficieras *o* rareficieses, rareficiera *o* rareficiese, rareficiéramos *o* rareficiésemos, rareficierais *o* rareficieseis, rareficieran *o* rareficiesen.
Futuro: Rareficiere, rareficieres, rareficiere, rareficiéremos, rareficiereis, rareficieren.

Imperativo

Rarefaz, rarefaga, rarefagamos, rarefaced, rarefagan.

MODELO 50

Ir

Gerundio: Yendo.
Participio: Ido.

Indicativo

Presente: Voy, vas, va, vamos, vais, van.
Pret. imp.: Iba, ibas, iba, íbamos, ibais, iban.
Pret. indef.: Fui, fuiste, fue, fuimos, fuisteis, fueron.
Futuro: Iré, irás, irá, iremos, iréis, irán.

Potencial

Simple: Iría, irías, iría, iríamos, iríais, irían.

Subjuntivo

Presente: Vaya, vayas, vaya, vayamos, vayáis, vayan.
Pret. imp.: Fuera *o* fuese, fueras *o* fueses, fuera *o* fuese, fuéramos *o* fuésemos, fuerais *o* fueseis, fueran *o* fuesen.
Futuro: Fuere, fueres, fuere, fuéremos, fuereis, fueren.

Imperativo

Ve, vaya, vayamos, id, vayan.

MODELO 51

Oír

Gerundio: Oyendo.
Participio: Oído.

Indicativo

Presente: Oigo, oyes, oye, oímos, oís, oyen.
Pret. imp.: Oía, oías, oía, oíamos, oíais, oían.
Pret. indef.: Oí, oíste, oyó, oímos, oísteis, oyeron.
Futuro: Oiré, oirás, oirá, oiremos, oiréis, oirán.

Potencial

Simple: Oiría, oirías, oiría, oiríamos, oiríais, oirían.

Subjuntivo

Presente: Oiga, oigas, oiga, oigamos, oigáis, oigan.
Pret. imp.: Oyera *u* oyese, oyeras *u* oyeses, oyera *u* oyese, oyéramos *u* oyésemos, oyerais *u* oyeseis, oyeran *u* oyesen.
Futuro: Oyere, oyeres, oyere, oyéremos, oyereis, oyeren.

Imperativo

Oye, oiga, oigamos, oíd, oigan.

MODELO 52

Placer

Gerundio: Placiendo.
Participio: Placido.

Indicativo

Presente: Plazco, places, place, placemos, placéis, placen.
Pret. imp.: Placía, placías, placía, placíamos, placíais, placían.
Pret. indef.: Plací, placiste, plugo *o* plació, placimos, placisteis, pluguieron *o* placieron.
Futuro: Placeré, placerás, placerá, placeremos, placeréis, placerán.

Potencial

Simple: Placería, placerías, placería, placeríamos, placeríais, placerían.

Subjuntivo

Presente: Tercera persona: Plega, plegue o plazca.
Pret. imp.: Tercera persona: Pluguiera o placiera, pluguiese o placiese.
Futuro: Tercera persona: Pluguiere o placiere.

Imperativo

Place, plazca, plazcamos, placed, plazcan.

MODELO 53

Poder

Gerundio: Pudiendo.
Participio: Podido.

Indicativo

Presente: Puedo, puedes, puede, podemos, podéis, pueden.
Pret. imp.: Podía, podías, podía, podíamos, podíais, podían.
Pret. indef.: Pude, pudiste, pudo, pudimos, pudisteis, pudieron.
Futuro: Podré, podrás, podrá, podremos, podréis, podrán.

Potencial

Simple: Podría, podrías, podría, podríamos, podríais, podrían.

Subjuntivo

Presente: Pueda, puedas, pueda, podamos, podáis, puedan.
Pret. imp.: Pudiera o pudiese, pudieras o pudieses, pudiera o pudiese, pudiéramos o pudiésemos, pudierais o pudieseis, pudieran o pudiesen.
Futuro: Pudiere, pudieres, pudiere, pudiéremos, pudiereis, pudieren.

Imperativo

Puede, pueda, podamos, poded, puedan.

MODELO 54

Pudrir o podrir

Gerundio: Pudriendo.
Participio: Podrido.

Indicativo

Presente: Pudro, pudres, pudre, pudrimos, pudrís, pudren.
Pret. imp.: Pudría, pudrías, pudría, pudríamos, pudríais, pudrían.
Pret. indef.: Pudrí, pudriste, pudrió, pudrimos, pudristeis, pudrieron.
Futuro: Pudriré, pudrirás, pudrirá, pudriremos, pudriréis, pudrirán.

Potencial

Simple: Pudriría, pudrirías, pudriría, pudriríamos, pudriríais, pudrirían.

Subjuntivo

Presente: Pudra, pudras, pudra, pudramos, pudráis, pudran.
Pret. imp.: Pudriera *o* pudriese, pudrieras *o* pudrieses, pudriera *o* pudriese, pudriéramos *o* pudriésemos, pudrierais *o* pudrieseis, pudrieran *o* pudriesen.
Futuro: Pudriere, pudrieres, pudriere, pudriéremos, pudriereis, pudrieren.

Imperativo

Pudre, pudra, pudramos, pudrid *o* podrid, pudran.

MODELO 55

Poner

Gerundio: Poniendo.
Participio: Puesto.

Indicativo

Presente: Pongo, pones, pone, ponemos, ponéis, ponen.
Pret. imp.: Ponía, ponías, ponía, poníamos, poníais, ponían.
Pret. indef.: Puse, pusiste, puso, pusimos, pusisteis, pusieron.
Futuro: Pondré, pondrás, pondrá, pondremos, pondréis, pondrán.

Potencial

Simple: Pondría, pondrías, pondría, pondríamos, pondríais, pondrían.

Subjuntivo

Presente: Ponga, pongas, ponga, pongamos, pongáis, pongan.
Pret. imp.: Pusiera o pusiese, pusieras o pusieses, pusiera o pusiese, pusiéramos o pusiésemos, pusierais o pusieseis, pusieran o pusiesen.
Futuro: Pusiere, pusieres, pusiere, pusiéremos, pusiereis, pusieren.

Imperativo

Pon, ponga, pongamos, poned, pongan.

MODELO 56

Querer

Gerundio: Queriendo.
Participio: Querido.

Indicativo

Presente: Quiero, quieres, quiere, queremos, queréis, quieren.
Pret. imp.: Quería, querías, quería, queríamos, queríais, querían.
Pret. indef.: Quise, quisiste, quiso, quisimos, quisisteis, quisieron.
Futuro: Querré, querrás, querrá, querremos, querréis, querrán.

Potencial

Simple: Querría, querrías, querría, querríamos, querríais, querrían.

Subjuntivo

Presente: Quiera, quieras, quiera, queramos, queráis, quieran.
Pret. imp.: Quisiera *o* quisiese, quisieras *o* quisieses, quisiera *o* quisiese, quisiéramos *o* quisiésemos, quisierais *o* quisieseis, quisieran *o* quisiesen.
Futuro: Quisiere, quisieres, quisiere, quisiéremos, quisiereis, quisieren.

Imperativo

Quiere, quiera, queramos, quered, quieran.

MODELO 57

Saber

Gerundio: Sabiendo.
Participio: Sabido.

Indicativo

Presente: Sé, sabes, sabe, sabemos, sabéis, saben.
Pret. imp.: Sabía, sabías, sabía, sabíamos, sabíais, sabían.
Pret. indef.: Supe, supiste, supo, supimos, supisteis, supieron.
Futuro: Sabré, sabrás, sabrá, sabremos, sabréis, sabrán.

Potencial

Simple: Sabría, sabrías, sabría, sabríamos, sabríais, sabrían.

Subjuntivo

Presente: Sepa, sepas, sepa, sepamos, sepáis, sepan.
Pret. imp.: Supiera *o* supiese, supieras *o* supieses, supiera *o* supiese, supiéramos *o* supiésemos, supierais *o* supieseis, supieran *o* supiesen.
Futuro: Supiere, supieres, supiere, supiéremos, supiereis, supieren.

Imperativo

Sabe, sepa, sepamos, sabed, sepan.

MODELO 58

Ser

Gerundio: Siendo.
Participio: Sido.

Indicativo

Presente: Soy, eres, es, somos, sois, son.
Pret. imp.: Era, eras, era, éramos, erais, eran.
Pret. indef.: Fui, fuiste, fue, fuimos, fuisteis, fueron.
Futuro: Seré, serás, será, seremos, seréis, serán.

Potencial

Simple: Sería, serías, sería, seríamos, seríais, serían.

Subjuntivo

Presente: Sea, seas, sea, seamos, seáis, sean.
Pret. imp.: Fuera *o* fuese, fueras *o* fueses, fuera *o* fuese, fuéramos *o* fuésemos, fuerais *o* fueseis, fueran *o* fuesen.
Futuro: Fuere, fueres, fuere, fuéremos, fuereis, fueren.

Imperativo

Sé, sea, seamos, sed, sean.

MODELO 59

Tener

Gerundio: Teniendo.
Participio: Tenido.

Indicativo

Presente: Tengo, tienes, tiene, tenemos, tenéis, tienen.
Pret. imp.: Tenía, tenías, tenía, teníamos, teníais, tenían.

Pret. indef.: Tuve, tuviste, tuvo, tuvimos, tuvisteis, tuvieron.
Futuro: Tendré, tendrás, tendrá, tendremos, tendréis, tendrán.

Potencial

Simple: Tendría, tendrías, tendría, tendríamos, tendríais, tendrían.

Subjuntivo

Presente: Tenga, tengas, tenga, tengamos, tengáis, tengan.
Pret. imp.: Tuviera o tuviese, tuvieras o tuvieses, tuviera o tuviese, tuviéramos o tuviésemos, tuvierais o tuvieseis, tuvieran o tuviesen.
Futuro: Tuviere, tuvieres, tuviere, tuviéremos, tuviereis, tuvieren.

Imperativo

Ten, tenga, tengamos, tened, tengan.
(La primera persona de imperativo de *detener, contener* y *retener* serán respectivamente: *detén, contén* y *retén.*)

MODELO 60

Traer

Gerundio: Trayendo.
Participio: Traído.

Indicativo

Presente: Traigo, traes, trae, traemos, traéis, traen.
Pret. imp.: Traía, traías, traía, traíamos, traíais, traían.
Pret. indef.: Traje, trajiste, trajo, trajimos, trajisteis, trajeron.
Futuro: Traeré, traerás, traerá, traeremos, traeréis, traerán.

Potencial

Simple: Traería, traerías, traería, traeríamos, traeríais, traerían.

Subjuntivo

Presente: Traiga, traigas, traiga, traigamos, traigáis, traigan.
Pret. imp.: Trajera *o* trajese, trajeras *o* trajeses, trajera *o* trajese, trajéramos *o* trajésemos, trajerais *o* trajeseis, trajeran *o* trajesen.
Futuro: Trajere, trajeres, trajere, trajéremos, trajereis, trajeren.

Imperativo

Trae, traiga, traigamos, traed, traigan.

MODELO 61

Venir

Gerundio: Viniendo.
Participio: Venido.

Indicativo

Presente: Vengo, vienes, viene, venimos, venís, vienen.
Pret. imp.: Venía, venías, venía, veníamos, veníais, venían.
Pret. indef.: Vine, viniste, vino, vinimos, vinisteis, vinieron.
Futuro: Vendré, vendrás, vendrá, vendremos, vendréis, vendrán.

Potencial

Simple: Vendría, vendrías, vendría, vendríamos, vendríais, vendrían.

Subjuntivo

Presente: Venga, vengas, venga, vengamos, vengáis, vengan.
Pret. imp.: Viniera *o* viniese, vinieras *o* vinieses, viniera *o* viniese, viniéramos *o* viniésemos, vinierais *o* vinieseis, vinieran *o* viniesen.
Futuro: Viniere, vinieres, viniere, viniéremos, viniereis, vinieren.

Imperativo

Ven, venga, vengamos, venid, vengan.

MODELO 62

Ver

Gerundio: Viendo.
Participio: Visto.

Indicativo

Presente: Veo, ves, ve, vemos, veis, ven. (Preveo, prevés, prevé, prevemos, prevéis, prevén.)
Pret. imp.: Veía, veías, veía, veíamos, veíais, veían.
Pret. indef.: Vi, viste, vio, vimos, visteis, vieron.
Futuro: Veré, verás, verá, veremos, veréis, verán.

Potencial

Simple: Vería, verías, vería, veríamos, veríais, verían.

Subjuntivo

Presente: Vea, veas, vea, veamos, veáis, vean.
Pret. imp.: Viera *o* viese, vieras *o* vieses, viera *o* viese, viéramos *o* viésemos, vierais *o* vieseis, vieran *o* viesen.
Futuro: Viere, vieres, viere, viéremos, viereis, vieren.

Imperativo

Ve, vea, veamos, ved, vean.

MODELO 63

Yacer

Gerundio: Yaciendo.
Participio: Yacido.

Indicativo

Presente: Yazco, yazgo *o* yago, yaces, yace, yacemos, yacéis, yacen.
Pret. imp.: Yacía, yacías, yacía, yacíamos, yacíais, yacían.
Pret. indef.: Yací, yaciste, yació, yacimos, yacisteis, yacieron.
Futuro: Yaceré, yacerás, yacerá, yaceremos, yaceréis, yacerán.

Potencial

Simple: Yacería, yacerías, yacería, yaceríamos, yaceríais, yacerían.

Subjuntivo

Presente:
{ Yazca, yazcas, yazca, yazcamos, yazcáis, yazcan.
{ Yazga, yazgas, yazga, yazgamos, yazgáis, yazgan.
{ Yaga, yagas, yaga, yagamos, yagáis, yagan.

Pret. imp.: Yaciera *o* yaciese, yacieras *o* yacieses, yaciera *o* yaciese, yaciéramos *o* yaciésemos, yacierais *o* yacieseis, yacieran *o* yaciesen.
Futuro: Yaciere, yacieres, yaciere, yaciéremos, yaciereis, yacieren.

Imperativo

Yace *o* yaz tú; yazca, yazga *o* yaga él; yazcamos, yazgamos *o* yagamos nosotros; yaced vosotros; yazcan, yazgan *o* yagan ellos.

MODELO 64

Raer

Gerundio: Rayendo.
Participio: Raído.

Indicativo

Presente: Raigo, rao *o* rayo, raes, rae, raemos, raéis, raen.

Pret. imp.: Raía, raías, raía, raíamos, raíais, raían.
Pret. indef.: Raí, raíste, rayó, raímos, raísteis, rayeron.
Futuro: Raeré, raerás, raerá, raeremos, raeréis, raerán.

Potencial

Simple: Raería, raerías, raería, raeríamos, raeríais, raerían.

Subjuntivo

Presente: Raiga o raya, raigas, raiga, raigamos, raigáis, raigan.
Pret. imp.: Rayera o rayese, rayeras o rayeses, rayera o rayese, rayéramos o rayésemos, rayerais o rayeseis, rayeran o rayesen.
Futuro: Rayere, rayeres, rayere, rayéremos, rayereis, rayeren.

Imperativo

Rae tú, raiga o raya él, raigamos o rayamos nosotros, raed vosotros, raigan o rayan ellos.

MODELO 65

Roer

Gerundio: Royendo.
Participio: Roído.

Indicativo

Presente: Roo, roigo o royo, roes, roe, roemos, roéis, roen.
Pret. imp.: Roía, roías, roía, roíamos, roíais, roían.
Pret. indef.: Roí, roíste, royó, roímos, roísteis, royeron.
Futuro: Roeré, roerás, roerá, roeremos, roeréis, roerán.

Potencial

Simple: Roería, roerías, roería, roeríamos, roeríais, roerían.

Subjuntivo

Presente: Roa, roiga *o* roya, roas, roa, roamos, roáis, roan.
Pret. imp.: Royera *o* royese, royeras *o* royeses, royera *o* royese, royéramos *o* royésemos, royerais *o* royeseis, royeran *o* royesen.
Futuro: Royere, royeres, royere, royéremos, royereis, royeren.

Imperativo

Roe tú; roa, roiga *o* roya él; roamos, roigamos *o* royamos nosotros; roed vosotros, roigan *o* royan ellos.

MODELO 66

Abrir

Gerundio: Abriendo.
Participio: Abierto.

Indicativo

Presente: Abro, abres, abre, abrimos, abrís, abren.
Pret. imp.: Abría, abrías, abría, abríamos, abríais, abrían.
Pret. indef.: Abrí, abriste, abrió, abrimos, abristeis, abrieron.
Futuro: Abriré, abrirás, abrirá, abriremos, abriréis, abrirán.

Potencial

Simple: Abriría, abrirías, abriría, abriríamos, abriríais, abrirían.

Subjuntivo

Presente: Abra, abras, abra, abramos, abráis, abran.
Pret. imp.: Abriera *o* abriese, abrieras *o* abrieses, abriera *o* abriese, abriéramos *o* abriésemos, abrierais *o* abrieseis, abrieran *o* abriesen.
Futuro: Abriere, abrieres, abriere, abriéremos, abriereis, abrieren.

Imperativo

Abre, abra, abramos, abrid, abran.

MODELO 67

Cubrir

Gerundio: Cubriendo.
Participio: Cubierto.
　　　Lo demás como el modelo n.º 3.

MODELO 68

Escribir

Gerundio: Escribiendo.
Participio: Escrito.
　　　Lo demás como el modelo n.º 3.

MODELO 69

Imprimir

Gerundio: Imprimiendo.
Participio: Impreso.
　　　Lo demás como el modelo n.º 3.

MODELO 70

Prender

Gerundio: Prendiendo.
Participio: Prendido o preso.
　　　Lo demás como el modelo n.º 2.

MODELO 71

Proveer

Gerundio: Proveyendo.
Participio: Provisto o proveído.
Lo demás como el modelo n.º 2, teniendo en cuenta el cambio de *i* en *y*, como *proveí, proveyó, proveyera, proveyese, proveyere,* o sea que la *i* cambia en *y* cuando se halla entre dos vocales.

MODELO 72

Romper

Gerundio: Rompiendo.
Participio: Roto o rompido.
Lo demás como el modelo n.º 2.

MODELO 73

Abolir (defectivo)

Gerundio: Aboliendo.
Participio: Abolido.

Indicativo

Presente: Abolimos, abolís.
Pret. imp.: Abolía, abolías, abolía, abolíamos, abolíais, abolían.
Pret. indef.: Abolí, aboliste, abolió, abolimos, abolisteis, abolieron.
Futuro: Aboliré, abolirás, abolirá, aboliremos, aboliréis, abolirán.

Potencial

Simple: Aboliría, abolirías, aboliría, aboliríamos, aboliríais, abolirían.

Subjuntivo

Pret. imp.: Aboliera *o* aboliese, abolieras *o* abolieses, aboliera *o* aboliese, aboliéramos *o* aboliésemos, abolierais *o* abolieseis, abolieran *o* aboliesen.
Futuro: Aboliere, abolieres, aboliere, aboliéremos, aboliereis, abolieren.

Imperativo

Abolid.

MODELO 74

Soler (defectivo)

Gerundio: Soliendo.
Participio: Solido.

Indicativo

Presente: Suelo, sueles, suele, solemos, soléis, suelen.
Pret. imp.: Solía, solías, solía, solíamos, solíais, solían.
Pret. indef.: Solí, soliste, solió, solimos, solisteis, solieron.

Subjuntivo

Presente: Suela, suelas, suela, solamos, soláis, suelan.
Pret. imp.: Soliera *o* soliese, solieras *o* solieses, soliera *o* soliese, soliéramos *o* soliésemos, solierais *o* solieseis, solieran *o* soliesen.

CÓMO DEBEN PREPARARSE LOS ORIGINALES PARA SER IMPRESOS

Es de gran importancia, por ahorrar no poco trabajo a la Redacción y a los linotipistas y cajistas, presentar los originales de forma correcta.

Por corrección no debe entenderse solamente acentuar, puntuar y escribir como es debido, sino también la indicación de los diferentes tipos de letra que se requieran.

Las MAYÚSCULAS se subrayan con tres líneas: ≡
Las VERSALITAS, con dos: =
Las *cursivas*, con una: —
Las negritas, con una serpenteada: ︵︵
Las letras *e s p a c i a d a s*, separándolas con trazos verticales: |

La línea de cursivas se puede añadir a las señales de mayúsculas y negritas para indicar que éstas han de ser también cursivas. Asimismo se puede añadir la línea serpenteada de negritas a las de mayúsculas.

Mayúsculas

Se usan las mayúsculas para los títulos de capítulo y para los de las grandes divisiones:

CAPÍTULO I   III. IMPRENTA
ANALOGÍA   Y CORRECCIÓN DE PRUEBAS

Versalitas

Se usan para los nombres de autores en las citas bibliográficas:

Véase Flórez, *España Sagrada*, t. 25, p. 18.

También se usan para los subtítulos centrados o marginales y, excepcionalmente, para llamar la atención sobre una palabra, un autor citado en un texto o para el nombre de instituciones. Asimismo para las cifras romanas, cuando indican datas o cantidades.

Cursivas

La cursiva se usa para los títulos de obras y artículos que se citen; en subtítulos de subdivisiones inferiores, y para palabras sueltas de otros idiomas que se intercalen en el texto.

También para las acotaciones de comedias y diálogos:

Alberto.—*(Muy abatido.)* ¡Quién lo hubiera dicho!

Asimismo para las letras de orden de los apartados:
a) Medicina.
b) Odontología.
c) Farmacia.

Para las letras minúsculas de referencias, fórmulas, etc., como: la ecuación c, $P(x)$.

Para las expresiones latinas, como: *ad hoc*, *loc. cit.*, etc.

Para la palabra o frase que se cita: El verbo *haber* sirve, etcétera. La expresión *lucha por la vida* debe interpretarse, etc.

Para los vocablos mal escritos intencionadamente: Decía que estudiaba *metereología*.

Para las variantes dialectales: Era una *mociña* recién llegada de Lugo.

Para los nombres que se dan a los animales: En el Gran Nacional de Aintree, *Centella* llegó en tercer lugar.

Negritas

Son adecuadas las negritas mayúsculas para los títulos de las grandes divisiones, y las minúsculas (con inicial mayúsculas) para los subtítulos centrados o marginales.

Ejemplos de citas bibliográficas

De libros:

> M. Floran, *Manual de pesca fluvial*, Barcelona 1934, páginas 56-59.
> F. Gómez y J. Velasco, *Historia universal de la taquigrafía*, t. ii, Pamplona 1944, p. 98.

De artículos de revistas:

> T. Pereda Sampedro, *La Filosofía en nuestras Universidades del Siglo de Oro*, «Anal. de Filosofía», 18, 1943, 22, nota 6.
> Joaquín Mira, *Análisis de un éxito editorial*. «Bibliografía Hispánica», ix, 1949, 1-3.

De colecciones:

> W. Meyer-Lübke, *Romanisches Etymologisches Wörterbuch*. Sammlung Romanischer Elementar und Handbücher, iii Reihe, Heidelberg 1935.

De fuentes:

> San Pablo, *Epist. ad Cretenses:* Bibl. ant. Escritores crist., 4, Madrid 1948.

De misceláneas:

> E. Tormo, *El resumen del Santoral mozárabe:* Homenaje a Menéndez Pidal, iii, Madrid 1925, 531-543.

De enciclopedias:

> Cf. voz: *Arqueología*, Enciclopedia Espasa, suplemento 1942-1944.

NORMAS PARA LA REDACCIÓN DE ÍNDICES

En obras de carácter informativo, técnico o de investigación es de gran utilidad para el lector que figuren al final uno o varios índices, gracias a los cuales es posible, en un momento dado, hallar la materia que se necesita. En obras de tipo histórico, principalmente, es casi siempre imprescindible un índice de nombres propios, para cuya redacción recomendamos lo siguiente:

1.º A excepción de nombres de santos, emperadores y reyes, todo personaje debe ser alfabetizado según su apellido, que podrá ir en versalitas, y al que seguirá, tras coma, el nombre de pila; p. e.:

>   CERVANTES, Miguel de.
>   CORTÉS, Hernán.
>   PIZARRO, Francisco.

2.º Téngase en cuenta que a veces, en el transcurso de una obra, se menciona a un personaje histórico con algún apelativo especial; en este caso, la referencia ha de ir en su apellido. Así, por ejemplo, si el autor escribe: «El Manco de Lepanto», la referencia en el índice hay que hacerla en CERVANTES, Miguel de. A veces el sobrenombre se ha hecho más famoso que el nombre, lo que hace útil inscribir aquél en el índice, enviando a éste; por ejemplo:

>   GRAN CAPITÁN. Véase FERNÁNDEZ DE CÓRDOBA, G.

3.º Los santos deben ir alfabetizados según los nombres propios; p. e.:

>   FRANCISCO DE BORJA, San.
>   JOSÉ ORIOL, San.
>   PABLO, San.

aunque, en realidad, Borja y Oriol sean apellidos. Adviértase que si se trata de un personaje como el príncipe de Esquilache, que se llamaba también Francisco de Borja, la referencia hay que hacerla así:

>   BORJA, Francisco de (Príncipe de Esquilache).

Y no estará de más añadir el siguiente envío:

> Esquilache, Príncipe de. Véase Borja, Francisco de.

Los emperadores y reyes, emperatrices o reinas, irán también según los nombres propios:

> Carlos V, emperador de Alemania.
> Francisco I, rey de Francia.
> Isabel II, reina de España.

Es conveniente añadir siempre de dónde son soberanos para evitar confusiones entre emperadores y reyes del mismo nombre, por ejemplo entre Juan II de Castilla y Juan II de Aragón, entre Luis I de España y Luis I de Francia o Baviera.

Las referencias a príncipes que luego fueron emperadores o reyes deben hacerse en el artículo que se les abre como soberanos. Así, si en un libro se menciona al príncipe de Asturias don Fernando, hijo de Carlos IV, la referencia debe hacerse en Fernando VII, rey de España.

4.º Las referencias de los índices se suelen hacer enviando a la página del libro en que el personaje es mencionado. Ello, naturalmente, es útil cuando las menciones son en corto número, y se convierte en un verdadero problema cuando son muchas. Así, por ejemplo, es evidente que, en un libro que trate de los Reyes Católicos, las referencias a Isabel I, reina de España, y a Fernando V, rey de España, serán tantas que los artículos resultarán inútiles. En estos casos es conveniente hacer los artículos explicativos y referirse solamente a los hechos importantes; por ejemplo:

> Fernando V, rey de España. Nacimiento, 23; su juventud, 34; sus campañas en Cataluña, 45; casa con Isabel de Castilla, 63; sus relaciones con Francia, 67-86; sus relaciones con Colón, 89-94; conquista de Granada, 99-124; su actitud al morir Isabel, 210-215; su boda con Germana de Foix, 240-245; conquista de Navarra, 250-253; su muerte, 260; su carácter, política y aspecto físico, 270-273.

De este modo, aunque no se recojan todas las veces que en el libro se alude a Fernando el Católico, lo que daría como resultado una lista interminable de números, el lector tiene una guía segura y de rápida consulta.

En ciertas obras es conveniente alfabetizar también los nombres geográficos, para los cuales recomendamos que se prescinda, en la alfabetización, de los artículos; p. e.:

>   Coruña, La.
>   Monegros, Los.
>   Rábida, La.

Al revés de lo que ocurre con los nombres personales, en los geográficos la palabra *San* se alfabetiza; p. e.:

>   San Fernando.
>   San Sebastián.

SIGNOS DE CORRECCIÓN EN IMPRENTA Y EN MECANOGRAFÍA
(UNE 1082 y UNE 1083)

Reproducidos con autorización del Instituto Nacional de Racionalización del Trabajo

SIGNOS DE CORRECCIÓN EN IMPRENTA

1. Regla principal

Se repetirá al margen todo signo de corrección empleado.

1,1 Todo signo de corrección que se marque en el texto, se repetirá al margen. La modificación se pondrá a la derecha de la llamada repetida, a menos que el signo empleado (como ⌐ ,⌐) la indique por sí mismo.

⊢ ancha

Para indicar las correcciones, se emplearán cuantos signos se quiera, evitando la repetición de cualquiera de ellos en una misma línea (I L J Π Τ Π Γ J Γ J J).

2. Aclaraciones

Tipo de letra distinto para palabras o líneas.

2,01 Otro tipo de letra para palabras o líneas, se señala mediante el subrayado de lo que se ha de cambiar y anotando al margen la clase de letra deseada (negrita, cursiva, versalitas, versales) o el cuerpo preferido (cuerpo 6, cuerpo 12, etc.), o bien ambas cosas (cursiva cuerpo 8, redonda cuerpo 4 etcétera), valiéndose para ello de números, si fuera preciso.

1 negrita 2 cursiva
3 versalitas
4 versales
⊢ redonda cuerpo 6

Letras defectuosas, confundidas o sucias.

2,02 Las letras defectuosas se tacharán como ⫽, si se tratara de letras confundidas (véase el apartado 2,04), las letras que, erróneamente, se hubieran puesto de otros tipos, se tacharán y se repetirán al margen con indicación de su tipo o con el signo ⟋. **Las letras sucias** se marcarán y se hará la indicación en el margen mediante el signo ⋯ .

/ a. Ls

/k. redonda

L ☰

(Continúa)

Letras invertidas o atravesadas.	2,03	Las letras invertidas o atravesadas se señalarán al margen con el signo ∫.	⌈∫. ⌊∫
Letras confundidas y puestas boca abajo.	2,04	Las letras confundidas se tacharán y se sustituirán al margen por las letras debidas.	⌈u
Varias faltas en una línea.		Caso de haber varias faltas en una línea, se usarán diferentes llamadas (véase la línea anterior).	La ⌊t ⌉u ⌊s Fc
Ligadura (dos letras fundidas en una pieza).		**La ligadura** (dos letras fundidas en una sola pieza) se exige tachando las letras que, en infinidad de casos, se componen, equivocadamente, por separado, repitiéndolas al margen con una curva debajo.	‖ fi
Cambio de palabra.		**Una palabra confundida** se tachará y se pondrá al margen la debida. Tratándose de palabras en parte mal	⊢ por
Palabras en parte mal compuestas.		**compuestas**, sólo se tacharán las letras o sílabas equivocadas y se sustituirán al margen por las que correspondan;	⊢ voca
Falsas divisiones.		esta regla tiene, asimismo, especial aplicación en las divisiones indebidas al final y al principio de las líneas.	⌈p ⌊ne
Falta de letras.	2,05	**Letras que faltan.** Se tachará la letra precedente o la siguiente,	Lee Txi

(Continúa)

Falta de palabras.	para repetirla al margen, añadiendo la que se dejó de poner. **Falta de una o varias palabras.** Se marcará hueco una llamada y se añadirá al margen lo omitido. Si se tratara de **omisiones de consideración**, se hará referencia al original o al manuscrito, por ejemplo: La máquina constaba de fué montada.
Omisiones importantes.	
Letras o palabras superfluas.	2,06 . **Las letras o palabras superfluas** se tacharán y se señalarán al margen con el signo ⌐ o con el ⌐.
Letras o palabras mal colocadas.	2,07 **Las letras o palabras mal colocadas** se señalarán con el signo de transposición, que indica el lugar que deben ocupar en la palabra o en la frase. Las palabras se deben numerar si se tratara de transposiciones importantes.
Líneas mal colocadas.	2,08 **Cuando haya líneas mal colocadas**, se indicará su posición anterior o posterior con el signo ═══. Por ejemplo: Primeramente, ¡oh, hijo!, has de te- la sabiduría, y siendo sabio no po- mer a Dios; porque en el temer está drás errar en nada.

(Continúa)

Letras o palabras ilegibles en el original.	2,09 **Letras o palabras ilegibles en el original.** Para llamar la atención sobre la parte ilegible, se colocarán en su lugar letras o líneas de letras puestas boca abajo y que correspondan, aproximadamente, al ancho de lo ilegible, por ejemplo: Los hi⌴⌻ son insectos con pro⌽ax inmóvil. El corrector trasladará entonces al autor la duda o anotará lo debido, de acuerdo con el original.	⊢──? *Ltri*
Espaciado y supresión del mismo.	2,10 **El espaciado** se señalará marcando la palabra o parte de la misma que se desea espaciar y se pondrá al margen el signo para el espaciado ‒╫╫╫╫╫╫╫╫ ; la supresión del espaciado se marcará por el signo ∽∽∽∽ , colocado debajo de la parte del texto que no ha de ir espaciada y se repetirá al margen dicho signo.	╫╫╫╫╫╫╫╫╫ ∽∽∽∽∽∽
Espaciado omitido, demasiado estrecho o ancho. entr. palabras. Supresión del espacio.	2,11 **El espaciado** ⁀omitido o demasiado estrecho⁀entre palabras se señalará por el signo #. **L**⁀**os espaciados** demasia⁀do⁀anchos se marcarán con el signo ⌢. La supresión completa de una separación se in⁀dicará por el signo ⌒.	❘# T# ⌢ ⌒
Material blanco levantado.	2,12 **El material blanco** que se ha levantado y mancha en la im⌊presión, se señalará al margen por el signo **x**.	⊥7 x
Alineación defectuosa.	2,13 **Las composiciones mal alineadas** se marcarán ‾arriba‾ y abajo con rayas paralelas; del mismo modo se señalarán las letras o signos corridos hacia arriba o hacia abajo, al final de una línea.	═ ═ ═ (*igualar, enderezar*)

(Continúa)

Falta de regletas.	La falta de regletas se señalará por una raya interlineal que termina al margen con un ángulo; cuando **sobren regletas**, se pondrá también una raya interlineal que, en este caso, termina en el margen con una curva de unión.
Regletas sobrantes.	
Punto y aparte.	2,14 Un **punto y aparte** se pedirá mediante el signo ⌐, tanto en el texto como al margen, por ejemplo: Las impresiones más antiguas son de tal regularidad y belleza que superan a la más hermosa escritura⌐ La prensa de imprimir más antigua no parece haber sido esencialmente diferente de la que Jost Amman nos ofrece en su grabado del año 1568.
Punto y seguido.	2,15 La **continuidad de un párrafo** se señalará por una línea con una el final de una frase con el comienzo de la otra, por ejemplo: Esta prensa constaba de dos columnas, unidas por medio de una moldura. ⌒ A media altura iba montado en un carro móvil, el molde de impresión.
Sangría errónea.	2,16 Una **sangría errónea** se señalará por el signo ⊏, por ejemplo: La prensa de impresión es una máquina, cuyo mecanismo tan ingenioso, sólo concibe quien la haya manejado en persona.
Sangría omitida.	2,17 Una **sangría omitida** se marcará, todo lo más exactamente posible, por el signo ⊐, por ejemplo (cuando se pide una sangría de dos líneas):

quitar la sangría (alinear)

(Continúa)

Correcciones erróneas.	2,18	Antes de finalizar el siglo XIV, no se conocía ningún medio de impresión sobre metal. ☐ El grabado en madera en obras gráficas, no se presenta tampoco antes del siglo XIV. Una corrección errónea se anulará tachando la corrección efectuada en el margen y poniendo puntos debajo de la parte mal corregida. Es inadmisible borrar lo corregido.
3. Casos especiales Nueva composición de líneas.	3,1	Nueva composición de líneas. Cuando hay letras defectuosas en una línea de composición de linotipia, llamadas carañazos, o tipos mal alineados u otros defectos, lo que requiere una nueva composición de la línea, se pone junto a ésta y al margen, una raya horizontal (———).
Composición de partes dudosas del original.	3,2	Composición de partes dudosas. En vez de poner letras boca abajo (véase el apartado 2,09), lo que en composición de linotipia resulta imposible, se dejará en blanco el espacio correspondiente o se pondrán en su lugar caracteres llamativos, por ejemplo: ———?———, mmmmm. Si se trata de números que el autor debe corregir o llenar, se colocarán ceros (00000) o también en este caso, se dejará en blanco el espacio necesario. Desde luego, para las cifras, es mejor usar los signos llamativos, como ● o ■, que haya entre las matrices, pues los ceros pasan fácilmente inadvertidos en la corrección.

(Continúa)

Ordenación de líneas.

3,3 Las líneas desordenadas se señalarán con la debida numeración correlativa o con el signo ⌐⎯⌐ . Por ejemplo:

El esquema clave, consiste en el dibujo, que efectúa	1
bobina, con la mayor fidelidad posible, tomando ade-	3
más el paso de ranura, el del colector, etc. Como todas	4
las bobinas son iguales, salvo devanados anormales,	5
es posible, con este sencillo esquema, reconstruir to-	6
el bobinador, cuando deshace un inducido de una sola	2
do el inducido y aun trazarlo sobre el papel, con te-	7
das las verificaciones a que ello conduce.	8

SIGNOS DE CORRECCIÓN EN MECANOGRAFÍA

1. Objeto

Esta norma tiene por objeto establecer los signos de corrección usados en mecanografía y facilitar su interpretación.

2. Correcciones más usadas y su significado

$\mid \wp$	La escritura mecanográfica es el principal elemento de trabajo	Suprimir una letra.
$\vdash \wp$	y coordinador de las grandes actividades de las oficinas, tanto oficiales como particulares.	Suprimir una palabra
$\mid \mathit{rr}$ $\mathrel{\sqsubset} \mathit{las}$	Los signos empleados en las cotecciones del textos mecanografiados, son los que se emplean	Añadir una letra o una palabra.

(Continúa)

las⌐en⌐correcciones de las pruebas		Variar el orden de las palabras.
de imprenta (UNE 1 082), pero sin		
que sean tantos como allí, ya que		
l⌀s ~~errores~~ y posibilidades de la	*la equivocaciones*	Sustituir una letra. Sustituir una palabra.
⌂ecanografía son mucho menores.		
⌂e recomienda escribir las correc-		Alinear hacia la derecha.
ciones al nivel de la línea en		Sangrar (desalinear).
⎵ donde existan y en el margen		
izquierdo.		Alinear hacia la izquierda o quitar la sangría.
(Se pondrán las correcciones en		Punto y seguido.
el mismo⌐orden que se hayan produ-		Separar.
cido, desd⌂ el ⌂ord⌂ del papel ⌂cia	*⌂de ⌂⌂ ⌂⌀ ⌂ha*	Varias correcciones en la misma línea.
la derecha, cuando existan varias		

(Continúa)

|T|T|┌+U∏...	en la misma línea y se emplearán		Signos para emplear.
⌢ ⌢	signos distintos ⌢ cuales⌣quiera.		Juntar: juntar totalmente.
└ *Las* (mayúsculas)	~~Las~~ (recomendaciones) para el mecanógrafo, referentes a la mejor presentación del texto, se		Versales o mayúsculas. No quitar la palabra tachada.
⊥⊥⊥⊥⊥⊥⊥	escribirán al margen, rodeándo-		Espaciar.
┬ *de* (minúsculas)	las ~~DE~~ un (TRAZO) de lápiz o de pluma. Para fijar la separación		Corrientes o minúsculas. Punto y aparte.
⊢)(	o aproximación de las distintas líneas, se emplearán los signos		Línea que se ha de separar a dos espacios
⊂⊃	de imprenta del mismo significado, pero cruzados con tantas rayitas como espacios deseamos dejar.		Línea que se ha de aproximar hasta dos espacios.
⎯⎯⎯			Alinear horizontalmente.

ÍNDICE ALFABÉTICO DE MATERIAS

Abolir, 184.
Abreviaturas (explicaciones de), 39.
Abreviaturas (división de), 55.
Abrir, 182.
Acento diacrítico, 9, 17.
Acento (supresión del), 55.
Acento tónico, 9.
Acentuar (verbo), 12.
Acompañanta, acompañante, 95.
Acotaciones, 187.
Acusativo femenino del pronombre de tercera persona, 48.
Adjetivos, 29.
Adjetivos de índole distinta, 113.
Adjetivos demostrativos, 22.
Adjetivos determinativos, 29.
Adjetivos explicativos, 29.
Adonde, adónde, 17.
Adquirir, 154.
Adverbios en *mente*, 10.
Aislar, 11.
Alentar, 130.
Andar, 158.
Anglicismos, 102.
Anfibologías, 44, 106.
Animales (nombres de), 62, 187.
Antonomasia (nombres por), 60.
Aquel, aquél, 18.
Aquella, aquélla, 18.
Aquello, 18.
Aquéllos, 18.
Artículo determinado, 103.
Artículo indeterminado, 102.
Artículo (omisión del), 113.
Artículo (repetición innecesaria del), 103.
Artículos (alfabetización de), 191.
Asir, 159.
Aun, aún, 17.
Aunque, 35.
Bajo, 64.
Barbarismos, 97.
Bendecir, 164.
Caber, 160.
Cacofonías, 106.
Caer, 161.
Cantar, 127.
Ceñir, 151.
Citas bibliográficas, 188.
Citas en lengua extranjera, 41.
Cláusulas admirativas, 38.
Cláusulas distributivas, 25.
Cláusulas interrogativas, 38.
Colectivos de persona, 62.
Cocer, 136.
Coma, 28.
Combinación *ui*, 15.
Cometa, 95.
Comillas, 40.
Como, cómo, 9, 18.
Complemento directo, 62.
Complemento indirecto, 62.

Complemento de dos preposiciones de índole distinta, 66.
Complemento de dos verbos, 65.
Concordancias defectuosas, 113.
Concordar, 134.
Conjugación (modelos de), 127.
Conjunción distributiva, 20.
Conocer, 141.
Conque, 111.
Consonantes dobles, 55.
Cual, cuál, 19.
Cuan, cuán, 19.
Cuando, cuándo, 19.
Cuanto, cuanta, 20.
Cubrir, 183.
Cursiva, 41, 187.
Cuyo, cuya, 20, 52.
Cuyo (igual a *de quien*), 52.
Cuyo, relativo posesivo, 52.
Dar, 16, 162.
Dativo femenino del pronombre de tercera persona, 48.
De, 9, 21.
Dé, 9, 21.
De (uso indebido), 64.
Deber, 109.
Deber de, 109.
Decir, 162.
Desliar, 12.
Desosar, 135.
Diéresis, 42.
Dígrafo *dg*, 57.
Dígrafo *gn*, 56.
Diptongo creciente, 17.
Diptongo *ui*, 15.
Diptongo *iu*, 16.
Diptongos, 10, 16, 54.
Discernir, 133.
División de palabras, 54.
División en francés, 55.
División en inglés, 56.
División etimológica, 56.

División silábica, 56.
Doler, 47.
Donde, dónde, 21.
Dormir, 155.
Dos puntos, 35.
Dos rayas, 40.
E muda, 56.
Ecuaciones, 187.
Edades y épocas, 60.
El, él, 9, 22.
El cual, 52, 112.
«El mismo», 109.
Elegir, 149.
Empeller, 146.
En, 65.
Entender, 132.
Equívocos (evitarlos), 29.
Erguir, 165.
Errar, 131.
Esa, 22.
Escribir, 183.
Ese, 22.
Eso, 22.
Espirar, 96.
Esta, ésta, 22.
Estar, 166.
Este, éste, 22.
Esto, 22.
Établir, 100.
Existir, 129.
Expirar, 96.
Expresiones contrarias a la índole del castellano, 104.
Expresiones latinas, 187.
Extranjerismos, 103.
Favorecer, 140.
Fe, 27.
Fiestas, 60.
Frases arcaicas, 41.
Frases de una misma índole, 33.
Frases entre comillas, 41.
Frases explicativas, 32.

Freír, 151.
Fue, 16.
Galicismos, 98, 102, 110.
Galicismos en el gerundio, 45.
Gerundio, 43.
Gerundio compuesto, 45.
Gerundio con en, 45.
Gerundios bien empleados, 44.
Gerundios (uso inconsiderado de), 43.
Gruñir, 146.
Guiones largos, 39.
Haber, 166.
Hacer, 104, 167.
Hechos históricos, 60.
Hipérbaton, 107
Hubiera y hubiese, 118.
Hubiese y hubiere, 119.
Huir, 15, 155.
Imperativos erróneos, 117.
Imprimir, 183.
Infinitivo, 116.
Incorrecciones, 97.
Índices (redacción de), 189.
Infligir, 96.
Infringir, 96.
Instituciones, 60.
Ir, 16, 170.
Jugar, 153.
La (acusativo), 48.
La (como dativo), 48.
Las (superfluo), 51.
Le (como acusativo), 46, 48.
Le (como dativo), 46, 48.
Le (disparate), 51.
Le (incorrecto y superfluo), 50, 51.
Les (como acusativo), 46.
Les (dativo), 46.
Letra cursiva, 41, 187.
Letra diacrítica, 59.
Letra mayúscula, 59, 186.

Letras de orden de los apartados, 187.
Letras de referencias, fórmulas, 187.
Letras espaciadas, 186.
Línea serpenteada, 186.
Lo (artículo), 50.
Lo (pronombre), 46, 50.
Lo (superfluo), 51.
Lucir, 141.
Lugar en que sucede una cosa, 62.
Mas, 23, 35.
Más, 23.
Masculino por femenino, 95.
Mayúsculas, 59, 186.
Mi, 23.
Mí, 23.
Mitología, 59.
Modismos, 114.
Montar, 62.
Morir, 156.
Mullir, 147.
Nacer, 139.
Negritas, 188.
Nombre común, 59.
Nombre propio, 59.
Nombres abstractos personificados, 60.
Nombres de animales, 62, 187.
Nombres de autores, 187.
Nombres de elementos, 60.
Nombres de instituciones, 187.
Nombres de personas, 62.
Nombres de santos, 189.
Nombres de emperadores, 189.
Nombres de reyes, 189.
Nombres geográficos, 191.
Nombres por antonomasia, 60.
Nombres propios (índice de), 189.
Nombres de cosas, 61.

O, 23.
Oír, 170.
Oler, 137.
Oración entre comillas, 41.
Oraciones elípticas, 31.
Oraciones de pasiva con *se*, 116, 117.
Os, 117.
Palabra adecuada, 95.
Palabras agudas, 9.
Palabras arcaicas, 41.
Palabras compuestas, 10.
Palabras dialectales, 41.
Palabras esdrújulas, 10.
Palabras llanas, 9.
Palabras sobresdrújulas, 10.
Para, 65.
Paréntesis, 38.
Paréntesis rectos, 39.
Participio, 29.
Participios determinativos, 29.
Participios explicativos, 29.
Partículas apostrofadas, 55.
Partículas prefijas (en inglés), 57.
Pausa (concepto de), 28.
Pasivas con *se*, 116.
Periódicos, 60.
Períodos confusos, 43.
Pero, 23, 35.
Personificaciones, 60.
Piar, 17.
Pie, pié, 17.
Placer, 171.
Plañir, 144.
Poder, 172.
Podrir, 173.
Poesía, 42.
Poner, 173.
Por, 65.
Por que, 111.
Por qué, 24, 111.
Porque, 23, 111.

Porqué, 23.
Postulanta, postulante, 95.
Predecir, 163.
Prender, 183.
Preposición (lista de palabras que se construyen con), 66.
Preposición *a*, 61.
Preposición *a* (indica dirección), 62.
Preposición *a* (uso vicioso de la), 62.
Preposición *de* (omisión de la), 63.
Preposición (o locución equivalente), 111.
Preposiciones de índole distinta, 66.
Pronombre complemento directo, 62.
Pronombres inadecuados, 53.
Pronombres (inversión de), 53.
Pronombres pleonásticos, 50.
Pronombres (uso abusivo de), 51.
Proveer, 184.
Pudrir, 173.
Punto final, 36.
Punto y coma, 34.
Puntos suspensivos, 36.
Que, 23.
Qué, 23.
Que (omisión de), 111.
Querer, 174.
Quien, quién, 24.
Quizá y quizás, 112.
Raer, 180.
Rarefacer, 169.
Reducir, 142.
Reír, 13, 150.
Repeticiones, 105.
Restriñir, 145.
Roer, 181.
Romper, 184.
Saber, 175.

Salir, 158.
Satisfacer, 168.
Se, sé, 25.
Sentir, 152.
Ser, 16, 176.
Servir, 148.
Si, sí, 25.
Signos de admiración, 37.
Signos de interrogación, 37.
Si no, 110.
Sino, 110.
Solamente, 26.
Solecismos, 62, 104.
Soler, 185.
Solo, sólo, 26.
Subdivisiones inferiores, 187.
Subordinada determinativa, 29.
Subordinadas condicionales, 31.
Subordinadas explicativas, 29.
Subtítulos centrados o marginales, 188.
Sujeto compuesto, 28.
Sujeto simple, 28.
T eufónica (en francés), 56.
También, 108.
Tañer, 143.
Tautología, 109.
Te, té, 26.
Tejer, 128.
Telefonear, 47, 115.
Tener, 176.
Ti, 27.
Tiempo indebido de verbo, 118.
Tipos de letra, 186.
Títulos de artículos, 187.
Títulos de capítulos, 186.
Títulos de grandes divisiones, 186.
Títulos de obras, 187.
Títulos de periódicos, 40.
Torcer, 136.

Traer, 177.
Triptongos, 10, 16, 54.
Tu, tú, 9, 26.
«Uno mismo», 109.
Un, una, 103.
Valer, 157.
Variantes dialectales, 187.
Venir, 178.
Ver, 16, 179.
Verbos, 115.
Verbos (tiempo indebido), 118.
Verbos, forma en -ra, 119.
Verbos, forma en -se, 119.
Verbos en eír, 13.
Verbos en iar, 13.
Verbos en oír, 14.
Verbos en uar, 13.
Verbos en uir, 15.
Verbos irregulares, 120.
Verbos con distinta preposición, 65.
Verbos transitivos e intransitivos, 47, 115.
Versalitas, 187.
Vocablos compuestos, 10.
Vocablos en lengua extranjera, 41.
Vocablos mal escritos intencionadamente, 187.
Vocabulario (pobreza de), 104.
Vocales cortas (en inglés), 58.
Vocales débiles, 11, 54.
Vocales (dígrafo de) (en inglés), 58.
Vocales fuertes, 11, 54.
Vocativo, 28, 29.
Voces compuestas, 55.
Volver, 138.
Yacer, 179.

ÍNDICE

	Páginas
NOTA DEL EDITOR	5
PREFACIO	7

ACENTUACIÓN:

Acento tónico	9
Combinación *ui*	15
Acento diacrítico	17
No deben llevar acento	26
Palabras que pueden escribirse de dos maneras	27

PUNTUACIÓN:

Uso de la coma	28
Punto y coma	34
Dos puntos	35
Punto final	36
Puntos suspensivos	36
Signos de interrogación y de admiración	37
Paréntesis	38
Guiones largos	39
Dos rayas (=)	40
Comillas	40
Diéresis	42

¡CUIDADO CON LOS GERUNDIOS!	43

PRONOMBRES:

Lo, le, los, les	46
La, le, las, les	48

                                                                    Páginas

Lo (neutro)   50
Pronombres pleonásticos   50
Uso abusivo de pronombres   51
Cuyo   52
Inversión de pronombres   53

División de palabras:

En castellano   54
En francés   55
En inglés   56

Letra mayúscula, o diacrítica   59

Preposiciones:

A   61
De   63
Bajo   64
En   65
Por y Para   65
Verbos con distinta preposición   65
Preposiciones de índole distinta   66
Lista de palabras que se construyen con preposición . . 66

Póngase la palabra adecuada:

Masculino por femenino   95
Cada acción requiere su verbo   96
Incorrecciones y barbarismos   97
Galicismos   98
Anglicismos   102
Pobreza de vocabulario   104
Evítense las repeticiones   105
¡Cuidado con las cacofonías!   106
Evítense las anfibologías   106
Hipérbaton   107
Tautología   109
«Uno mismo» y «el mismo»   109
«Deber» y «deber de»   109

— 214 —

	Páginas
«Sino» y «si no»	110
¡Cuidado con el vocablo «que»!	111
El que y el cual	112
Quizá y quizás	112
Concordancias defectuosas	113
Omisión del artículo	113
Algo sobre los modismos	114

Verbos:

Verbos transitivos o activos	115
Verbos intransitivos o neutros	115
El infinitivo en las oraciones de pasiva con «se»	116
Imperativos erróneos	117
Tiempo indebido	118
Concordancia con el predicado	118
Hubiera y hubiese	118
Hubiese y hubiere	119
Lista de verbos irregulares	120-127

Modelos de conjugación 127-185

Cómo deben presentarse los originales para ser impresos 186

Mayúsculas	186
Versalitas	187
Cursivas	187
Negritas	188
Ejemplos de citas bibliográficas	188

Normas para la redacción de índices 189

Signos de corrección 193

Indice alfabético de materias 205